ISBN : 978-2-3224-3961-4

Copyright © 2022 Jacob Sybille

Couverture et mise en page: ManyDesign

Tous droits réservés.

Copyright © 2022 Jacob

Auteure Sybille JACOB

# Point Fort, Point faible

# La stratégie gagnante pour rebondir dans son parcours permis

**La collection d'ouvrages au service du permis**

# SOMMAIRE

| | |
|---|---|
| Dédicace | 7 |
| Préface | 9 |
| Avant-propos | 11 |
| **Première partie** | **15** |
| I) S'approprier la méthode point fort/point faible | 16 |
| 1.1 Les 10 étapes de votre succès | 16 |
| 1.2 Diffuser la stratégie point fort/point faible | 17 |
| 1.3 L'installation du point faible | 20 |
| 1.4 Présence du point fort/point faible dans votre vie | 25 |
| 1.5 L'impact des points faibles sur votre quotidien | 28 |
| II) Se des-identifier de son histoire personnelle | 30 |
| 2.1 Revenir à l'origine | 30 |
| 2.2 Le contexte familial | 32 |
| 2.3 Quizz | 38 |
| 2.4 Recueil des résultats | 44 |
| 2.5 Étudier de plus près le point faible d'être | 46 |
| 2.6 Votre vision de la vie | 49 |
| 2.7 Le point faible d'action | 58 |
| 2.8 Appuyez sur pause | 60 |
| III) Activez les clés de votre libération | 61 |
| 3.1 Quelles sont vos ressources | 61 |
| 3.2 Reonnaître son point fort | 63 |
| 3.3 Les étapes de votre démarche de transformation | 64 |
| 3.4 Les marches du progrès | 68 |
| 3.5 Inverser les tendances grâce au point fort | 70 |
| 3.6 Restez vigilant(e)! Le point faible sait jouer | 73 |

3.7 Inverser les tendances grâce au point fort 74
3.8 Restez vigilants ! Le point faible sait jouer. 75
3.9 Expérimenter l'ensemble des points faibles d'action 77
**Deuxième partie** **79**
IV) Créer un parcours permis à votre image 80
4.1 Introduction 80
4.2 L'organisation globale du parcours 81
4.3 Reprendre le contrôle grâce à son point fort 86
V) Rebondir dans son parcours code 88
5.1 Les points faibles encombrent le parcours code 88
5.2 L'effacement, parcours code et solutions 89
5.3 La précipitation, parcours code et solutions 91
5.4 L'exigence, parcours code et solutions 96
5.5 Impact de l'incrédulité sur le parcours code et solutions 99
5.6 Une trame pour progresser vite et bien 102
VI) Rebondir dans son parcours conduite 105
6.1 Les points faibles alourdissent le parcours conduite 108
6.2 Impact de l'effacement sur le parcours conduite 110
6.3 Impact de la précipitation sur le parcours conduite 115
6.4 Impact de l'exigence sur le parcours conduite 119
6.5 Impact de l'incrédulité sur le parcours conduite 124
6.6 Des repères pour créer de nouvelles stratégies 129
6.7 S'entraîner à l'auto-évaluation 133
VII) Réussir les examens théorique et pratique du permis 136
7.1 Les étapes du succès pour obtenir son examen de code 136
7.2 Point faible et examen pratique 142
7.3 Les enjeux de l'examen de conduite 145
7.4 Des conseils inédits pour vivre plus sereinement l'examen pratique 148
**Bonus : Relation entre stress et point faible** **153**
Autre 164
Remerciements 165

# DÉDICACE

Ce manuel et sa méthode, je les dédicace à toutes celles et toutes ceux qui progressent dans leur vie, même s'ils trébuchent parfois…

*« Le permis, c'est un parcours qui apprend à s'aimer et à faire pour soi »*

# PRÉFACE

« Enseignante de la conduite automobile et formatrice pour adultes, intervenante en auto-école traditionnelle et sociale depuis de nombreuses années, ma route professionnelle m'a conduit à accompagner de nombreuses personnes qui rencontraient des difficultés dans leur parcours permis de conduire. Simultanément, pour comprendre mon histoire personnelle, je me suis formée à plusieurs techniques de développement thérapeutique. Le goût de la pédagogie m'a conduit à rechercher les causes de blocages dans les parcours et à créer des solutions permettant de rebondir. Au fil des années et grâce à la relation de confiance que m'ont accordés toutes celles et ceux qui avaient besoin d'obtenir leur permis, ces solutions ciblées se sont accumulées pour devenir des guides visant à débloquer les parcours. Cet ouvrage est dans la ligne directe de cette spécialisation que j'ai choisie par empathie. Comme tous ceux qui suivront, il a pour objectif principal de répondre à votre besoin d'obtenir le permis, mais aussi de collaborer à votre recherche d'un mieux-être personnel.

# AVANT-PROPOS

Le permis de conduire fait couler beaucoup d'encre ! En cela, je ne serai pas originale. Cet ouvrage vous sera cependant très utile. Car il ne va pas traiter de l'objet permis de conduire mais du sujet, de la personne qui souhaite l'obtenir. C'est-à-dire de vous.

C'est l'expérience acquise en tant qu'enseignante de la conduite automobile depuis 1991, ainsi que la rencontre avec une multitude d'apprenants, qui ont fait murir cette méthode que je vous propose aujourd'hui. Je suis en effet certaine de l'impact puissant et positif qu'elle aura dans votre parcours de formation.

Voulez-vous que je vous dise ? Je m'ennuie lorsque je consulte l'ensemble des informations consacrées au permis de conduire. Je suis presque sure que vous aussi !

Je m'endors presque, tellement on y parle de tout, on y vend de tout, sauf de ce qui me paraît si important.

Toujours les mêmes discours, les mêmes propositions, les mêmes conseils. La même grande braderie, son marché aux puces et sa galerie d'hyper…

Je ne vais pas m'étendre non plus, sur cet objectif Mobilité pour lequel, faute de vous accompagner à obtenir votre permis, on commence par beaucoup vous entraîner à courir…ou à pédaler !

J'ai plutôt envie de parler de vous, de dialoguer avec vous, de vous inviter à pousser de nouvelles portes, à emprunter une déviation et un nouvel itinéraire, d'entrer en territoire inconnu…

Vous craignez de débuter votre parcours permis de conduire ou vous êtes englué(e) ou en galère et n'arrivez pas à rebondir ?

Vous êtes incertain(e), vous avez la boule au ventre, vous êtes perdu(e) ou en colère ? Vous ne voulez pas perdre plus d'argent, de temps, ou d'énergie parce que vous avez autre chose à faire ?

Ce manuel est fait pour vous…

Vous vivrez votre parcours permis de conduire tel que vous expérimentez votre vie. Cette perspective va influer sur son bon déroulement, sur sa facilité, sur sa rapidité, sur son coût… Sur votre manière d'apprendre, sur votre façon d'aborder ce parcours et de progresser, sur votre capacité et votre acceptation à réussir. Vous êtes l'auteur de vos choix, de vos décisions, de votre devenir.

Plus, vous en serez conscient(e), plus vous serez à même de décider de la forme du parcours que vous souhaitez expérimenter et du résultat que vous vous autorisez à obtenir.

Si cela ne s'est pas passé comme vous le vouliez jusqu'à présent, lâchez votre expérience antérieure, criez un bon coup et rebondissez.

Vous allez découvrir dans cet ouvrage une méthodologie simple et concrète. Je l'ai expérimentée pendant plusieurs années et explorée de long en large parce que je résistais. Je la pratique au quotidien presque par réflexe, et je reviens toujours vers elle quand j'en ai besoin.

Ce guide a été écrit pour les « gens motivés »

Car vous êtes l'auteur de votre succès ! Tenez le cap, patiemment et obstinément.

Vous rentrez dans un lieu étranger qui se nomme permis de conduire. Ce parcours et ses épreuves viennent toucher ce qui vous anime intimement. C'est ainsi que vous pourrez vous « déplacer » pour accueillir les changements qu'induisent ce grand projet.

Voici ce qui pourrait être une piste de travail lorsqu'on parle de mobilité.

Vous êtes prêts à partir ? Jouons maintenant !

# PREMIÈRE PARTIE

Une méthode forte de plus de 40 ans d'expérimentation pour réinventer votre vie

# I) S'approprier la méthode point fort - point faible

## 1.1 Les 10 étapes de votre succès

| | |
|---|---|
| 1 | Intégrez la dynamique point fort, point faible |
| 2 | Interprétez autrement votre histoire personnelle |
| 3 | Identifiez vos stratégies limitantes |
| 4 | Appuyez-vous sur votre point fort |
| 5 | Mettez en place les bases de cette méthode |
| 6 | Intégrez-là comme un réflexe permanant |
| 7 | Donnez de la cohérence à votre parcours permis |
| 8 | Déployez de nouvelles stratégies pour débloquer votre parcours code |
| 9 | Progressez rapidement dans vos leçons de conduite |
| 10 | Préparez-vous sereinement aux examens |
| + | Rebondissez dans votre parcours d'apprentissage en allant à l'essentiel |
| X | Multipliez vos chances de réussite grâce au point fort et à une compréhension élargie des mécanismes du stress |

## 1.2 Diffuser la stratégie point fort/point faible

Depuis 2010, je me suis posée la question de la légitimité que j'ai à partager cette analyse et cette méthode d'accompagnement. Comme de nombreuses personnes, j'ai craint le regard des autres : les postulants au permis, mes collèges dans cette profession, le corps de l'enseignement automobile etc...

Pourtant à force de recroiser des stratégies conduisant à l'abandon ou à l'échec dans les parcours permis, l'idée de la diffuser au plus grand nombre s'est imposée.

**Je connais les bienfaits de cette méthode dans le projet permis de conduire.**

**J'ai constaté son impact positif dans les parcours où il y a des obstacles.**

**J'ai vu des personnes transformer radicalement leur vie et progresser dans tous les domaines.**

Le point fort - point faible, est le socle d'une méthode thérapeutique collective : « Conscience et Autonomie » proposée dans la région de Nantes dans les années 80 à 2000. Pour avoir suivi ce processus pendant plusieurs années, j'ai personnellement expérimenté son impact dans ma vie.

J'ai découvert cette thérapie, grâce à une amie qui en disait le plus grand bien. Il fallait réaliser environ 12 séances, puis on passait « au niveau supérieur ». Il y avait quatre cycles à accomplir. Ces rencontres avaient des fréquences différentes, selon le besoin des personnes. L'objectif final étant de suivre le cursus complet pour ensuite l'exploiter dans le champ qui nous intéressait et développer ainsi sa propre méthode.

Pourquoi y venait-on ? Parce qu'on rencontrait des difficultés presque inexplicables dans sa vie. Car on avait le sentiment que la planète entière se dressait contre nous pour nous contrecarrer. Parce que rien ne marchait comme on le souhaitait, qu'on était mal dans sa peau et ou qu'on n'arrivait pas à réussir sa vie sentimentale…

Aucune des personnes que j'ai rencontrées dans ces séances n'étaient là pour la même raison, juste pour la même cause : elles ne réussissaient pas à atteindre leurs objectifs, quel que soit le domaine qu'il concernait.

Voici comment Claudette avait orchestré cet accompagnement. Au cours d'un premier entretien individuel, on réalisait un exercice pour identifier notre point faible. Une fois qu'il avait été déterminé, Claudette expliquait à quoi il correspondait, de quelle manière il s'était forgé et comment on pouvait reconnaître sa présence dans notre vie de tous les jours. Elle vérifiait, d'après la manière dont se déroulait notre quotidien, la force de son impact dans notre vie.

Ensuite, elle nous demandait de lui partager nos valeurs pour identifier notre point fort. A évoquer devant elle, ce qui nous tenait à cœur, sans nous en rendre compte, nous lui communiquions notre force intérieure. Claudette disait à cette occasion : « Chacun de nous est unique, il y a donc autant de points forts qu'il y a de personnes ». Nous étions alors en mesure d'intégrer, avec son accord, cette « thérapie collective ». Tout cela, sans avoir été obligé de dire un seul mot sur son histoire personnelle, ni s'appesantir sur son passé.

Claudette accompagnait la voie du cœur, c'est-à-dire l'habitude de vivre en harmonie avec notre point fort. Do Huu Dong, son compagnon, qui intervenait avec elle dans les séances, gérait le plan de l'action. Après avoir clarifié le fond, il nous aidait à utiliser au maximum nos capacités pour améliorer très concrètement notre quotidien et favoriser nos projets. Il traitait ainsi la « forme ».

On réalisait, à tour de rôle, dans un groupe de six personnes au maximum, formateurs inclus, des exercices-jeux de toutes sortes pour travailler sur ces deux plans. Nous apprenions ainsi à gérer notre point faible tout en développant l'énergie du point fort. Chaque exercice faisant l'objet d'un retour des autres personnes, puis d'une auto-évaluation. Pour finir Claudette et Dong nous donnaient leur avis sur nos progrès.

Je vous fais là un résumé très succinct de ce qui s'est passé dans ces séances pendant plus de 5 années, car son succès ne tient pas dans cette présentation.

Je ne pensais pas, au-delà de ma vie personnelle, mettre un jour en place une méthodologie tel que le proposait la dernière phase de ce cycle.

C'est en accompagnant les personnes dans le permis de conduire, que je me suis rendue compte que les points faibles s'y expriment à chaque instant et viennent, à l'insu des personnes, contrecarrer toute la bonne volonté et toute l'énergie consacrées à ce projet.

C'est fort dommageable alors que la compréhension de ces mécanismes peut limiter rapidement l'impact négatif des points faibles afin qu'elles ne se perdent pas dans leur parcours.

Ne prenez pas cette méthode comme une fin en soi, mais comme le moyen de vous distancer des émotions et des sentiments qui vous empêchent de vous connaître, de cerner les enjeux des nouvelles situations que vous rencontrez et de déployer toute la richesse qui vous habite, en toute « conscience et autonomie ».

### 1.3 L'installation des points faibles

Claudette disait que nous pouvons être habité(e)s par l'un des quatre points faibles suivants, qui sont :
- **l'exigence,**
- **la précipitation,**
- **l'effacement,**

- l'incrédulité.

Chacun d'eux déploie sa propre stratégie. Il n'y en a pas un qui soit plus simple à expérimenter qu'un autre. Ils ont tous leur propre contrainte. Ils ont chacun leur chemin et nous aussi, à « vivre avec eux ».

Qu'est-ce que le point faible ?

Nous avançons dans notre vie sous la coupe de nos schémas anciens. Nous répétons des attitudes et des comportements identiques à ceux que nous avons « choisis » et exprimés enfants, pour nous adapter.

Lorsque nous sommes « des êtres en devenir », nous avons besoin de l'amour de nos proches pour avancer et développer notre force de vie. Instinctivement, nous observons comment le couple parental fonctionne et nous repérons le parent « dominant » qui va être le plus en mesure de nous assurer ce besoin d'exister. En fonction de ses attitudes et comportements, nous allons déployer une stratégie qui réponds à sa façon d'être et d'agir, pour « trouver notre place ». J'ai d'ailleurs retrouvé ce postulat, lors d'une session d'initiation aux « Histoires de Vie en Formation » à l'institut de la Pédagogie du Projet, à Nantes[1]

---

[1] A lire : Jean Vassilef « La pédagogie du Projet en formation » (1991, 4ème édition) et « Histoire de vie et Pédagogie du Projet » (1992, 3ème édition) éditions Chronique Sociale.

C'est ainsi que nous allons développer nos points faibles.

**Pourquoi leur donner ce nom ?**

Lorsque nous sommes enfants, notre volonté de survie nous conduit à nous adapter à notre environnement, car nous manquons d'autonomie. Mais quand nous devenons adultes, libres de nos choix et de nos actes, nous continuons de répéter ces stratégies inconscientes alors que nous n'en avons plus besoin. Notre travail consiste à en prendre conscience, à s'en libérer peu à peu, sous peine de reproduire incessamment les mêmes schémas, les mêmes répétitions stériles qui entravent notre capacité au changement.

Car les mécaniques, c'est bien connu, c'est fait pour s'enrayer. Et c'est bien ce que font les points faibles : ils coupent notre spontanéité, ils contrarient nos actions, nous empêchant d'en obtenir le résultat attendu.

Cette logique induite par le contexte de notre enfance entraîne avec elle un ensemble de fausses croyances sur « qui nous sommes » qui nous séparent de notre réalité en créant un filtre plus ou moins permanent, plus ou moins opaque, qui nous empêche d'être nous-même et d'avancer tel que nous le désirons.

Il n'est pas besoin d'entrer dans une psychothérapie de longue haleine, de chercher à tordre ou détordre notre histoire en tous sens, de savoir pourquoi les choses se sont produites ou n'ont pas existé, de quoi nous avons manqué ou pourquoi tout ne fonctionnait pas comme nous l'aurions souhaité. Il s'agit ici d'identifier le contexte dans lequel nous avons été placé et la façon dont nous l'avons interprété. Car c'est ainsi que nous avons construit des stratégies précises, en réponse aux évènements, de la manière la plus instinctive qui soit.

L'initiation à la méthode du point fort/point faible peut cependant être une invitation à une introspection sur notre histoire, en développant la curiosité de nous-même. Si tel est votre désir, foncez et libérez-vous. Surtout, si vous êtes sensible aux injonctions souvent maladroites de votre entourage proche. (Le projet permis générant souvent, ce qu'on appelle : la pression des pairs).

Il sera plus aisé de vous dégager de cette charge supplémentaire, si vous être au clair avec les interactions en jeu.

**On ne se débarrasse jamais vraiment de nos points faibles principaux.**

Croire autre chose, nous amènerait à beaucoup de déception. On apprend à les connaître et à ne pas les subir lorsqu'ils se présentent à nous, souvent dans des moments difficiles, ou parce qu'on a cessé d'être vigilant. Cela nous permet de pouvoir être et agir plus librement.

**Pourquoi est-ce que j'utilise le pluriel ?**

Contrairement à la méthode développée par Claudette, j'ai repéré que nous ne sommes pas agis par un unique point faible, mais conduits par deux stratégies associées :

**Une qui concerne la manière de nous envisager : le point faible d'être.**

**Une qui nous fait réagir, plutôt qu'agir : le point faible d'action.**

Ces deux points faibles s'expriment de manière combinée dans les situations que vous rencontrez. Et particulièrement celles où vous pouvez vous sentir fragilisé(es) parce que nous y plaçons un fort investissement. C'est le cas du projet permis.
Le point faible d'être entraînant la construction du point faible d'action.

**Comment est-ce que je me perçois dans la relation avec mon parent ?**

**Comment est-ce que je m'adapte à cet environnement ?**

Par exemple je peux déployer la précipitation dans ma manière de réagir aux situations qui me stressent et l'incrédulité dans ma façon générale d'envisager et d'aborder la vie et de me percevoir. Exemple : « Je pense que je ne suis jamais à la hauteur. Dès que je rencontre une situation qui me stresse, je me précipite pour la réaliser, porté(e) par cette image négative de moi. Cette précipitation dans l'action m'empêche de la mener à bien. Je renforce l'image négative que j'ai de moi. »

On est plus ou moins dépendant de l'impact de ces point faibles selon ce que l'on a vécu et selon l'intensité de sa souffrance personnelle.

Généralement, toutes les personnes qui s'inscrivaient à cette thérapie y arrivaient à un moment de leur vie ou leurs point faibles régissaient tellement leur quotidien, qu'ils les empêchaient d'entrer en action ou d'avancer dans leurs projets.

J'espère, grâce à la puissance des synchronicités, que ce guide vous parviendra au moment où vous souhaitez débloquer votre vie et mener à bien tous vos objectifs.

Et notamment votre projet permis, puisque pour lui que vous recherchez des solutions.

## 1.4 Présence du point fort/point faible dans votre vie

Voici un schéma qui vous permettra de visualiser l'impact négatif des points faibles d'être et d'action, et la richesse de la présence du point fort dans votre vie.

## 1.Je maîtrise mon point faible (ou mes deux points faibles)

Vos actions sont clarifiées, cohérentes. Vous obtenez des résultats correspondants à vos attentes et à ce que vous avez mis en place. Vous faites des rencontres aidantes qui favorisent le succès de vos démarches, de vos initiatives.

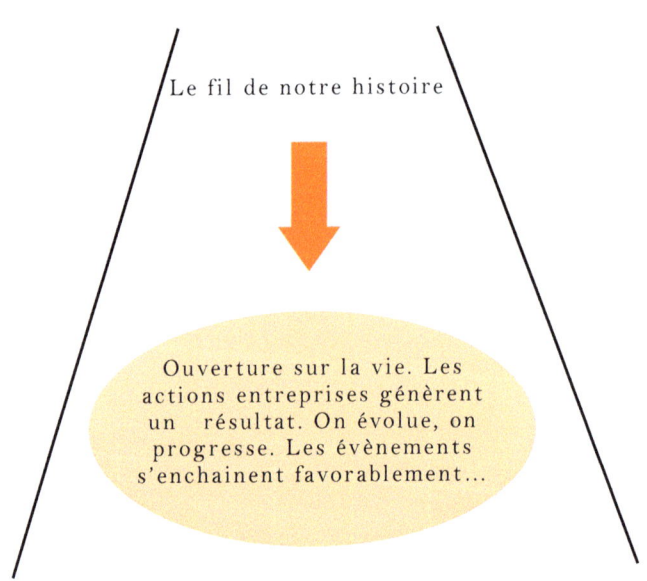

## *2. Mon point faible maîtrise ma vie*

J'introduis, sans m'en rendre compte, les « manques » liés à mon ou mes points faibles dans mes projets, dans mes démarches. J'avance dans l'insécurité et dans la peur d'échouer ou d'être contrecarré dans mes projets. Je crains d'avancer. Je rencontre de nombreux obstacles.

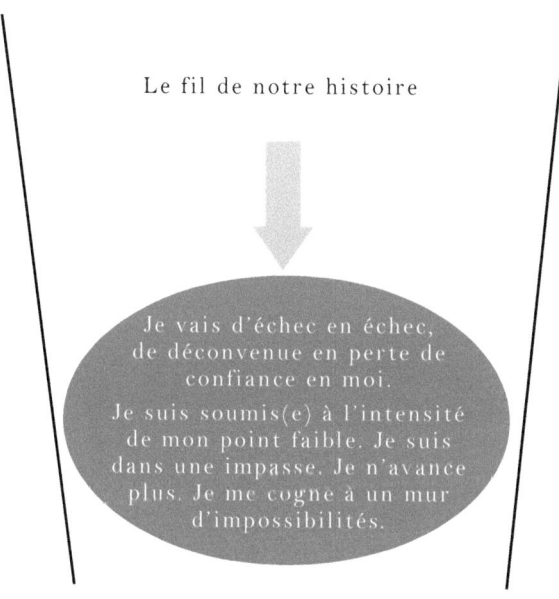

Bien sûr, tout n'est pas tout blanc ou tout noir. Je peux alterner entre ces deux courants. A moins que vos stratégies anciennes ne soient totalement maîtresses de votre vie…pour l'instant.

## 1.5 L'impact des points faibles dans votre quotidien

La difficulté principale des points faibles ne réside pas dans leur présence, mais par le fait que nous nous identifions à eux. Au fil des années, nous finissons par croire que nous ne sommes que nos stratégies.

C'est pour cela qu'il est important de les reconnaître, ainsi que l'intensité avec laquelle elles contrarient notre vie quotidienne. Le travail proposé ici va vous entraîner dans ce sens. Vous apprendrez à les « amadouer » pour améliorer votre quotidien et voir aboutir les projets que vous entreprenez, en subissant de moins en moins leur emprise. Votre perception de vous-même va s'en trouver ainsi améliorée et plus ajustée à « qui vous êtes ».

J'ai souvent rencontré des personnes, agies à leur insu par leurs points faibles, qui me disent : « Ah oui, je suis toujours comme cela, je pense tout le temps comme cela, j'agis toujours comme cela… »

Que nenni, rectification s'impose. Vous avez pris l'habitude de penser ou d'agir comme cela, mais vous n'êtes pas cela !

Vous n'êtes pas ces stratégies que vous avez dû adopter dans l'enfance. Vous êtes vous-même. Ne vous identifiez pas à ce qu'on a fait de vous. Vous êtes « autre chose », une personne qui a une grande valeur.

Changez de vision et de discours sur vous grâce à une « désintoxication radicale » et les évènements vont rapidement se modifier dans votre vie.

**Cependant, ne « prenez pas en grippe » vos points faibles !**

Car leur présence dans votre histoire n'a pas que des désavantages. Ils peuvent aussi devenir les grands maîtres de votre vie !

1) Ils vous ont permis de survivre dans l'enfance, car ils ont été une réponse à votre environnement familial. Ils vous ont ainsi protégé(e).

2) Ces stratégies vous ont permis de développer des qualités, dont la plus constante est le point fort. C'est-à-dire une force qui vous est propre, une puissance personnelle qui vous permet d'être autre chose qu'une mécanique en réaction, mais plutôt un être agissant. Vous vous êtes ainsi préservé(e) (l'intégrité personnelle).

Avec ma stratégie de l'incrédulité, comme j'étais persuadée que rien de bon ne pouvait arriver dans ma vie, j'ai développé le courage pour arriver à atteindre les objectifs qui je m'étais fixée. Forcément, il fallait au moins cette qualité pour répondre à l'image dévalorisée que j'avais de moi et aux obstacles que je plaçais involontairement sur ma route.

Si mon point fort le courage m'a permis de traverser les tempêtes que j'ai mises en place, il n'en reste pas moins que je peux l'utiliser aussi pour agir et compter sur lui en toutes situations.

**Le courage est ma boussole et mon étoile.**

## II) Se des-identifier de son histoire personnelle

### 2.1 Revenir à l'origine

Je ne voudrais pas qu'à la lecture des descriptions qui vont suivre, vous vous enfermiez dans une idée emprisonnante de votre histoire et que vous vous limitiez à ce que vous avez pu vivre, ou tout du moins à la manière dont vous l'avez perçue. Il est néanmoins indispensable de vous replonger au moins une fois dans votre passé, pour comprendre comment vous vous êtes construit(e). Vous revisiterez ainsi les stratégies que vous avez adoptées afin de pouvoir vous en distancier.

Pour pouvoir modifier votre vision de la vie en général ou votre façon de répondre aux évènements que vous rencontrez, il est important de savoir d'où vous partez, pour arriver là où vous le souhaitez. Ou dit autrement, de perdre peu à peu l'habitude d'être en réaction pour pouvoir agir et créer votre vie. D'éviter d'être dépendant de vos habitudes (sentiments ou comportements) lorsque vous traversez une situation moins évidente qui pourrait vous pousser pour vous protéger, à reproduire les mêmes schémas et vous rendre dans des impasses que vous ne connaissez déjà que trop parfaitement.

Ouvrir la cage, quoi !

Plongez dans vos souvenirs pour identifier à « quel type » appartient le parent à partir duquel vous vous êtes construit(e). Vous revisitez le couple parental et déterminez qui de votre mère ou de votre père avait le plus d'ascendant sur le groupe familial. C'est ainsi que vous pourrez observer la réponse que vous avez créée pour surmonter des situations qui vous ont blessées, qui vous ont fait peur, qui vous ont frustré(es), qui vous ont fait souffrir. Lisez les descriptions qui vont suivre et reconnaissez celle qui fait écho au profil de votre mère ou de votre père.

Ce retour en arrière vous permettra de reconnaître la perception actuelle que vous avez de vous, et votre façon de réagir aux situations réactivant vos expériences antérieures.

**Alors que vous êtes maintenant en mesure de gérer votre vie de manière autonome et de ne dépendre de personne pour la mener là où vous le souhaitez.**

## 2.2 Le contexte familial[23]

*1.L'effacement*

Dans ce cas de figure, vous avez souvent adopté ce point faible « en copiant » l'attitude d'un parent qui s'est positionné comme une victime. Cette attitude lui permettant de conserver « la dominance » dans le cercle familial. Deuxième option, le parent référent était tellement préoccupé par lui-même, prenait tellement de place qu'on a fait le choix de lui « donner » la nôtre pour « lui faire plaisir » (ce pouvait être un exigeant, ou un précipité). S'effacer étant le meilleur moyen de répondre à des situations tellement déconcertantes qu'il valait mieux se faire oublier pour ne pas se sentir en danger. Cela vous a sans doute permis de surmonter un environnement en instabilité permanente. Cela a peut-être été, aussi, le moyen d'obtenir de l'amour d'un parent tellement difficile à satisfaire que la seule solution consistait à rester dans son ombre. Ses remarques négatives sur votre valeur ou vos actions ont pu vous blesser et vous donner l'impression que vous ne « valez rien »,

---

2 Je n'ai ici parlé que des parents. Si cet environnement était aussi composé de frères ou de sœurs qui se sont substitués à vos parents (ou de grands-parents ou de tout autre membre familial), prenez en compte la relation que vous avez eue avec eux si vous avez le sentiment qu'elle a été déterminante.

3 Vous avez construit vos points faibles en liaison avec les évènements vécus dans votre enfance. C'est aussi le cas pour vos parents, ainsi que leurs ascendants. Vous libérer et mettre en lumière vos points faibles vous permettra sans doute de constater des changements subtils dans vos interactions avec eux, ainsi qu'une évolution dans vos rapports. Cela est extrêmement positif.

que vous n'êtes capable de rien. Dernier cas de figure, votre parent était tellement emmuré par l'incrédulité, que l'effacement a été la seule porte de sortie pour ne pas se faire engloutir par son « marasme ». Il vous a ainsi permis de témoigner d'une apparente indifférence (carapace de protection) dans le but de vous préserver et de vous protéger.

## 2.La précipitation

Les exigences du parent dominant étaient sans doute si fortes, si répétées, si insupportables qu'il a fallu toujours se précipiter pour y répondre le plus rapidement possible. Et tant pis pour l'efficacité ou le résultat. Aller vite pour répondre immédiatement à ses besoins et le satisfaire. Ou alors, il était tellement effacé ou incrédule que vous vous êtes senti obligé de le sauver. Parce que vous le sentiez en danger ou en difficulté. Mais l'était-il vraiment ? Car si vous avez décidé de répondre à sa façon d'être ou à ses comportements, c'est tout de même parce qu'il vous semblait que c'était le parent le plus à même de maîtriser ou de contrôler la situation. D'ailleurs ne régissait-il pas votre vie, puisque vous vous êtes inscrit dans la précipitation pour lui en vous oubliant totalement ? Il est parfois difficile, lorsque votre point faible est la précipitation de regarder avec lucidité les agissements dont on a été la victime. Car cela vous demande de « remettre » en cause les agissements d'un parent que vous avez voulu protéger à tout prix. Mais ce travail d'introspection est nécessaire pour pouvoir vous extraire de la dépendance affective que cela a créé, dans les relations que vous avez entretenues avec lui, ou plus tard, dans celles que vous avez construites, adulte.

### 3. L'exigence

Deux configurations les plus fréquentes dans l'enfance. Soit le parent était lui-même un exigeant et vous vous êtes installé(e) dans ce rôle par mimétisme en devenant l'esclave de vous-même après avoir été celui de l'autre. Le parent identifié comme l'élément dominant du couple, ne vous ayant reconnu que lorsque vous avez développé une qualité ou témoigné d'une réussite qui a fait écho aux siennes. Le problème est qu'il vous a semblé tellement inaccessible que vous avez cherché à le satisfaire selon ses critères et ses échelles de valeur, sans qu'il y ait une fin à cette course après un système de référence qui n'est certainement pas le vôtre.

Soit au contraire, on a vécu son enfance dans un contexte tellement peu structuré qui a généré chez nous tant d'angoisses, qu'on s'est construit une protection pour ne pas perdre pied. Car on avançait avec l'image d'un parent tellement déstructurant qu'il a fallu se fixer des règles et un cadre rigide pour répondre à des situations déstabilisantes.

### 4. L'incrédulité

Humiliations de toutes sortes ont été sans doute joué un rôle important dans l'enfance de celui qui développe le point faible de l'incrédulité. Il ne faut pas se voiler la face, des violences ont été présentes quelles que soit leur forme. Ou alors on vous a totalement abandonné à vous-même, ne s'intéressant à vous que dans les moments qui vous étaient défavorables ! Dans tous les cas, se dévaloriser a été la réponse à ces agressions. Vous lui donniez ainsi raison et cela a contribué à détériorer l'image que vous avez de vous. Il y a des chances pour que votre parent ait été lui aussi un incrédule, un exigeant tyrannique, ou un effacé manipulateur ou pervers. Sans doute pour les mêmes raisons que vous avez développé cette stratégie. La culpabilité de « n'être que vous », des erreurs qu'on vous a attribuées, s'est inscrite en vous comme un sentiment dominant. Peut-être la honte aussi. L'incrédulité serait-elle une stratégie particulière qui se répéterait de génération en génération ? Tellement présente qu'elle ne laisse la place à aucune autre ?

Prenez le temps de complétez les deux supports suivants.

| Comment s'adressait-elle à vous ? | Comment agissait-elle avec vous ? |
|---|---|
| | |

Figure dominante, de référence dans l'enfance. QUI ?

# MOI

| Comment je me percevais par rapport à elle ? | Comment j'agissais par rapport à elle ? |
|---|---|
| | |

Je note ici les points faibles que je reconnais chez moi, à cette première lecture, en revisitant mon histoire.

**Mes points faibles pourraient être :**

..............................................................
..............................................................
..............................................................
..............................................................
..............................................................
..............................................................
..............................................................
..............................................................
..............................................................
..............................................................
..............................................................
..............................................................
..............................................................
..............................................................
..............................................................
..............................................................

### 2.3 Quizz points faibles

Poursuivons notre enquête et revenons dans le présent. Prenez le temps de faire ce questionnaire, pour observer les stratégies que vous développez. Effectuez vos choix, de la manière la plus spontanée possible…

*1) Vous avez commandé un frigo sur internet. A sa réception, vous constatez qu'on ne vous a pas livré le bon modèle.*

A.☐ Cela ne fait rien. Il vous conviendra aussi. Après tout c'est un frigo !

B.☐ Vous prenez derechef votre téléphone et houspillez tous vos interlocuteurs successifs

C.☐ Ça ne vous surprends pas. Ça n'arrive qu'à vous ces erreurs.

D.☐ Vous exigez qu'on vous le reprenne pour constater tout de suite après, que vous auriez pu le garder, car il est de meilleure qualité.

*2) Votre auto-école vous demande de refaire vos photos perdues pour votre dossier.*

A.☐ Ce n'est pas normal ! Vous fulminez.

B.☐ Vous mettez un mois pour les refaire. Ils n'avaient qu'à pas les perdre.

C.☐ Vous doutez de vous et vous demandez si vous les aviez bien transmises.

D.☐ Vous refaites deux planches de photo. On ne sait jamais.

3) *Les horaires de code de l'auto-école ne correspondent pas à vos disponibilités*

A. ☐ Tant pis ! Vous vous entraînerez chez vous.

B. ☐ Vous passez une heure avec la secrétaire pour trouver une solution.

C. ☐ Vous vous inscrivez quand même. C'est l'auto-école la plus proche.

D. ☐ Vous verrez bien comment faire le moment venu.

4) *Vous avez rendez-vous pour un entretien d'embauche. Il y a déjà beaucoup de candidats présents dans la salle d'attente.*

A. ☐ Vous avez bien envie de faire marche arrière sans autre délai.

B. ☐ Vous tentez de discuter avec les autres candidats présents.

C. ☐ Vous vous désolez du temps que vous allez perdre.

D. ☐ Vous êtes complètement déstabilisé(e).

5) *En général, lorsque vous répondez à une question dans une série*

A. ☐ C'est souvent après le temps imparti.

B. ☐ Vous n'êtes pas d'accord avec les réponses.

C. ☐ Vous oubliez de cocher des réponses alors que vous les aviez choisies.

D. ☐ Vous hésitez très longtemps avant de choisir vos réponses.

*6) Vous entrez dans la salle de code*

A. ☐ Vous ne saluez personne. Ici, c'est chacun pour soi.

B. ☐ Vous allez directement au fond de la salle.

C. ☐ Vous trouvez qu'il y a trop de monde.

D. ☐ Vous vous stressez car vous avez oublié de vous munir d'un stylo.

*7) Votre enseignant est en retard pour votre première leçon de conduite*

A. ☐ Vous en profitez pour passer dix coups de fil en retard. Du coup, c'est lui qui attend.

B. ☐ Çà commence bien ! Déjà que conduire vous fait stresser.

C. ☐ Vous l'attendez sagement mais n'en pensez pas moins.

D. ☐ Vous ne dites rien. Pour une fois que ce n'est pas vous !

*8) Vous êtes à découvert à la banque et avez rendez-vous avec un conseiller*

A. ☐ Vous classez les multiples documents que vous avez amené. Sans succès !

B. ☐ Vous vous recroquevillez dans votre chaise.

C. ☐ Vous prenez un air détaché. Après tout, ça sert aussi à çà une banque.

D. ☐ Vous êtes mort(e) de honte et ne regardez personne.

*9) Vous n'arrivez pas à démarrer sans caler à votre première leçon de conduite.*

A.☐ C'était sûr ! Vous n'y arriverez jamais !

B.☐ Vous n'avez pas compris toutes les explications, mais votre enseignant a l'air de s'impatienter, alors vous devez y arriver.

C.☐ Dans votre fort intérieur, vous vous traitez de tous les noms d'oiseau possibles.

D.☐ Pourquoi la voiture ne démarre pas ? Vous vous efforcez tellement de bien faire, que vous n'avez pas vu que vous aviez calé et qu'il faut d'abord remettre le moteur en marche.

*10) Vous arrivez à un carrefour giratoire. C'est votre huitième leçon de conduite.*

A.☐ Vous fixez les usagers que vous allez rencontrer, sans regarder où vous allez.

B.☐ Vous avez des sueurs froides. C'est la panique ! Vous serrez les dents et ne dites rien.

C.☐ Vous vous embrouillez dans votre rétrogradage.

D.☐ Vous laissez votre enseignant reprendre les choses en main. C'est son rôle !

*11) Vous commettez des fautes dès qu'il y a une question sur un agent*

A.☐ La barbe de ces questions ! Vous continuez de répondre au hasard puisque vous ne comprenez rien à ses gestes.

B. ☐ Vous avez envie qu'on vous explique, mais vous craignez les remarques des autres.

C. ☐ Vous êtes très mécontent(e) de vous.

D. ☐ Il y avait un agent dans la situation proposée ? Vous ne l'aviez pas vu !

*12) Vous êtes convoqué à l'examen de code. C'est votre première présentation*

A. ☐ Vous paniquez et craignez d'être en retard car vous ne trouvez pas l'adresse.

B. ☐ Vous arrivez une demi-heure plus tôt que l'heure indiquée sur la convocation.

C. ☐ Vous avez perdu votre carte d'identité et ne l'aviez pas signalé pensant que la carte de sécurité sociale ferait l'affaire.

D. ☐ Vous vous posez mille questions sur le déroulement de l'examen.

*13) L'auto-école vous a conseillé de lire votre livre de code pour progresser rapidement*

A. ☐ Vous commencez à vous entraîner sur séries avant de le faire. Tout le monde fait comme cela et ça marche très bien.

B. ☐ Vous le lisez dix mille fois et le connaissez par cœur. Vous ne comprenez donc pas pourquoi vous continuez de faire autant de fautes dans les séries.

C. ☐ Vous l'avez lu, certes. Mais vous n'avez pas forcément tout compris. Vous vous demandez si c'est pareil pour tout le monde.

D.☐ Vous l'avez lu, certes. Mais vous avez l'impression que c'est plutôt en faisant des séries que vous allez apprendre votre code.

14) Vous ne vous êtes pas présenté à une leçon de conduite. L'auto-école vous la facture

A.☐ Vous ne reprenez pas tout de suite un rendez-vous car vous vous sentez gêné(e).

B.☐ Vous vous prenez la tête avec l'auto-école. Vous n'avez pas fait exprès de l'oublier !

C.☐ Vous vous en voulez de votre oubli.

D.☐ Vous vous excusez au moins dix fois à votre enseignant dans la leçon suivante.

15) C'est le grand jour. Vous êtes dans la voiture aux côtés de l'inspecteur

A.☐ Vous êtes tellement concentré(e) que vous n'entendez plus les consignes.

B.☐ Vous passez beaucoup de temps à retrouver votre carte d'identité.

C.☐ Vous grillez un stop au bout d'un quart d'heure.

D.☐ Vous êtes totalement déstabilisé(e) par les remarques de l'inspecteur.

## 2.4 Recueil des résultats

Reportez vos réponses dans le tableau suivant, en surlignant ou en entourant les choix que vous avez effectués pour chaque question. Deux points faibles vont sortir du lot. Votre point faible d'être est celui pour lequel vous avez coché le plus de réponses. Votre point faible d'action correspond au deuxième résultat.

### PROFIL

| Questions | Incrédulité | Exigence | Effacement | Précipitation |
|---|---|---|---|---|
| 1 | C | D | A | B |
| 2 | B | A | C | D |
| 3 | D | B | A | C |
| 4 | A | C | B | D |
| 5 | B | D | A | C |
| 6 | B | A | C | D |
| 7 | D | B | C | A |
| 8 | C | B | D | A |
| 9 | A | C | B | D |
| 10 | D | B | A | C |
| 11 | A | C | B | D |
| 12 | C | B | A | D |
| 13 | D | B | C | A |
| 14 | B | C | A | D |
| 15 | C | A | D | B |
| Nombre de réponses | | | | |

Vous avez maintenant une vision complémentaire sur le visage de vos points faibles. Notez les ci-après.

Mes points faibles sont (d'après ce premier résultat) :

**Point faible d'être :** ..........................
..............................................................
..............................................................
..............................................................
..............................................................
..............................................................
..............................................................
..............................................................

**Point faible d'action :** ........................
..............................................................
..............................................................
..............................................................
..............................................................
..............................................................
..............................................................
..............................................................
..............................................................
..............................................................

## 2.5 Étudier de plus près le point faible d'être

*1.Présentation*

Notre point faible d'être est notre plus grand sac de voyage, notre fourre-tout rempli de croyances négatives que nous transportons sans cesse avec nous. C'est notre sac à main, mal rangé, empli d'objets hétéroclites et dans lequel on ne trouve jamais ce que l'on cherche. Le point faible d'être est assez facile à repérer car il est notre plus grand bourreau intérieur. Il ne cesse de nous adresser des messages mentaux jugeants et dévalorisants. C'est la petite voix qu'on entend dans sa tête, qui tourne en boucle et à laquelle on a envie de dire mille fois : « Mais, faites qu'elle se taise !!! » …

*2.La poule et l'œuf*

Les évènements traumatisants de notre enfance nous ont conduit à réagir et à répéter des actes sous la pression. Cette habitude générée par le stress (se précipiter, ne pas mener les choses à bien, agir sans résultat, ou au mauvais moment ou de la mauvaise manière) a généré des résultats, qui ont sans doute été commentés négativement et nous ont figé dans une perception négative de nous-même. « Mais décidément, tu es vraiment désordonné(e) ! », à force d'être répété peut par exemple se traduire par : « Je ne suis pas aussi bien que les autres, je vaux moins qu'eux… ». Adoptant cette croyance négative extérieure, nous avons ancré un point faible d'être qui, en se renforçant, nous a conduit à répéter « les mêmes erreurs » et à créer une logique de réaction spontanée aux situations stressantes.

> Découverte d'une situation nouvelle, confrontation à un apprentissage, besoin de s'adapter à un nouvel environnement ou à de nouvelles personnes...

> Situation de stress

> Critiques extérieures, remarques désobligeantes, difficulté à « se débrouiller », à s'adapter aux exigences de l'environnement et de la situation.

> Validation des jugements : Création du point faible d'être

> Renforcement du jugement des autres qu'on prend pour une vérité : Stress dans l'action. Répétition d'erreurs. Installation du point faible d'action.

*3.Méthodologie*

Aménagez-vous maintenant un temps où vous serez certain(e) de ne pas être dérangé(e), pour effectuer cet exercice.

### 3-1. Première étape :

Avant de lire la présentation de chaque point faible, posez-vous les questions suivantes :

Comment vous percevez-vous ? Quelle est l'idée que vous avez de vous-même ? Comment avancez-vous globalement dans votre vie ? Par quoi vous sentez-vous empêché(e), freiné(e) ? Quel est le sentiment le plus persistant qui vous habite ?

Lisez ensuite la description de chaque point faible d'être.

Ce faisant, vous confirmerez définitivement votre point faible d'être et le distinguerez de votre point faible d'action. Vous reconnaîtrez ainsi par quoi vous êtes agi(e) inconsciemment.

### 3-2. Deuxième étape :

Complétez le schéma qui suit la description de votre point faible en choisissant quatre adjectifs qui correspondent à la manière dont vous vous percevez actuellement. (La petite voix en boucle, vous y aidera certainement…). Vous reconnaîtrez ainsi plus facilement quand vous êtes sous l'emprise de votre point faible d'être.

### 3-3. Les objectifs de cette étape :

• Prendre l'habitude de distinguer si vous être sous l'emprise de votre point faible d'être ou votre point faible d'action,
• Reconnaître la présence du point faible d'être, lorsqu'il se présente en écoutant les messages négatifs que nous nous adressons.

### 3-4. Être attentif, attentive :

Il est important d'écouter les jugements que l'on s'adresse. Car à force d'être répétés, nous ne leur prêtons plus d'attention et nous cristallisons à notre insu la charge négative qu'ils contiennent, ce qui entretient leur présence. Les écouter attentivement, se rendre compte de leur impact et parfois de leur violence, permet de s'en distancier. Car ils ne sont que le reflet du jugement des autres.

Ainsi à force d'attention, et de bienveillance pour vous-même, vous accepterez que vous n'êtes pas cette description construite par les projections des autres.

### 2.6 Étudier votre point faible principal

Les descriptions suivantes vous sont transmises à titre indicatif, pour que vous puissiez vous reconnaître dans votre façon de vous percevoir. Adaptez-les au plus proche de ce que vous vivez. Faites cette lecture sans jugement avec beaucoup de bienveillance pour vous.

## 1. *L'effacement*

On s'oublie totalement dans ce cas de figure. On a du mal à se projeter dans l'inconnu, il faut du tangible, s'ancrer dans le concret pour exister. On peut avoir du mal à préparer, à anticiper, à s'organiser dans tout ce qu'on doit réaliser ou être totalement dans l'effet inverse : difficulté à être spontané(e), besoin de tout contrôler, choisir une activité professionnelle ou on travaillera seul, et parfois même avoir un poste à responsabilité qui protège des autres. Toutes ces stratégies rassurent. De la difficulté aussi à s'extraire du réel qui rassure, peur de prendre des initiatives ou de gérer seul(e) des projets, car on en a peu pour soi. Ceux des autres sont bien plus importants… Difficile de prendre du recul, de la distance dans ses conditions. Compliqué aussi de se livrer, de parler de soi. On se place dans l'éternelle image d'une personne qui n'a pas de problème ou de difficultés particulières. On évite toutes les situations de conflit en passant pour l'éternel pacificateur. On passe sa vie à faire pour les autres, on se place aussi dans le rôle de celui « qui se sacrifie ». Cela évite de penser à soi, et cela permet paradoxalement d'être au centre, car on peut ainsi enfermer les autres dans la dépendance puisqu'on s'occupe de tout pour eux ! On ne les laisse pas beaucoup vivre, car il faut, en contrepartie de tout ce que l'on fait pour eux, qu'ils « obéissent ». Difficile pour eux de se positionner devant votre apparente neutralité et bienveillance.

Cette posture emprisonne toutes les personnes avec lesquelles vous relationnez de la sorte, car elle ne favorise pas le dialogue. Cela ne permet ni aux personnes, ni à la relation, d'évoluer

**Votre point faible est l'effacement.** Notez ici les quatre mots clés qui vous caractérisent le mieux, selon vous :

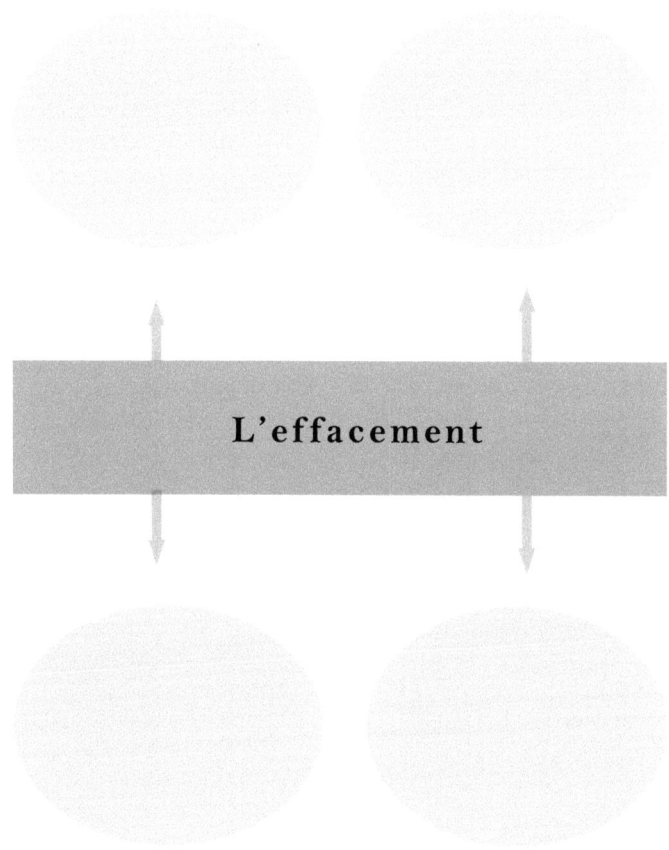

*2.L'exigence*

Vous êtes sans cesse dans le jugement et la comparaison. D'ailleurs vous balancez souvent entre un complexe d'infériorité ou de supériorité subjective. Cette perception de vous ou de vos capacités étant directement liée aux circonstances du moment, de la situation. Vous passez un temps infini à tout décortiquer, ou vous survolez trop globalement les situations sans pouvoir allier pour la même cause, ces deux types d'analyse. Ceci vous empêche de prendre des décisions raisonnées et bénéfiques pour votre vie et a pour effet immédiat de vous couper de votre ressenti. Les personnes dont le point faible est l'exigence déploient pourtant degrandes valeurs, et développent une ambition qui révèle toutes leurs qualités. Mais elles se condamnent aussi très fréquemment et perdent ainsi pied avec la réalité, avec l'instant présent. Elles ne savent pas s'autoévaluer, elles ne savent que se juger. Elles ont du mal à faire dans la demi-mesure. De plus, elles peuvent faire preuve d'autoritarisme empêchant ainsi les autres de les accueillir dans le respect, lorsqu'elles sont en difficulté. Car elles ont du mal à avouer leurs blessures, celles-ci se renforçant au fur et à mesure que leur solitude intérieure grandit. Compliqué en effet d'avoir une image d'impeccabilité alors qu'on est profondément malheureux.

Qu'il est impitoyable, le bourreau qui occupe toutes vos pensées, régissant ainsi votre manière d'avancer dans la vie. Tout ce que vous entreprenez ne sera jamais assez bien pour faire taire cette voix remplie d'intransigeance que vous prenez souvent, à tort, pour la seule qu'il vous faut écouter. A penser que votre valeur est sans cesse à remettre en cause, que tout ce que vous faites ne sera jamais bien, que vous ne serez jamais à la hauteur de cette exigence qui vous poursuit, à vous comparer sans cesse à autres, à souffrir d'insécurité à l'intérieur de vous, ne voyez-vous pas combien vous vous sentez angoissé(e) et si empli(e) de chagrin à l'intérieur ? Difficile d'avancer dans ces conditions, ce d'autant plus que vous êtes capables de reculer sans cesse des échéances par peur de les « rater ». ...Cette logique peut malheureusement vous conduire à ne jamais vous satisfaire durablement des résultats obtenus !

**Notez ici les quatre mots clés avec lesquels vous vous caractérisez**

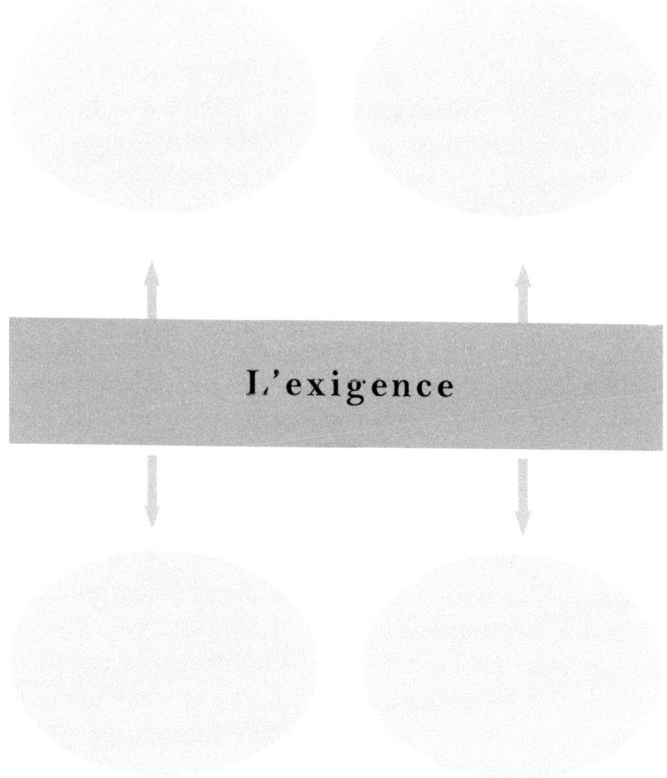

*3.La précipitation*

Votre vie n'est pas la vôtre mais celle des autres. Tous vos choix personnels sont la représentation de cette tendance. Vous emplissez votre vie pour ne pas aller voir le vide intérieur qui l'habite, car vous n'existez pas pour vous-même. Il vous est difficile de vous positionner et de faire des choix dans votre vie quotidienne ou dans votre projet global de vie. De multiples évènements vous conduisent à devoir réagir en urgence à des situations imprévues, et vous poussent à renforcer l'idée qu'il faut toujours être à fond, et répondre très vite à toutes les exigences. Vous pouvez vous sentir fatigué(e) à de nombreuses reprises et occasions. Vous avez beaucoup de mal à vous autoriser du temps libre. D'ailleurs qu'en feriez-vous, puisque vous n'existez pas ? Même si cela n'est pas bon pour vous, même si cela peut vous faire entrer dans le jeu des dépendances toxiques. Jamais vraiment à votre place, jamais au bon endroit au bon moment. Et lorsque vous rencontrez les autres, vos peurs profondes vous empêcheront sans doute de les écouter. Vous vous justifiez fréquemment dans vos échanges avec eux et communiquez par le biais d'un flot de paroles inadapté ou surabondant. Vous craignez tellement qu'on ne vous prenne pas en compte ou au sérieux, que vous limitez par vos conversations et vos comportements éparpillés, toute envie de vous connaître. Pour une défense organisée, bravo, celle-ci sait bien atteindre ses objectifs. Comme c'est dommage ! On pourrait vous prendre pour une personne écervelée alors que très souvent une grande profondeur et de nombreuses qualités humaines vous habitent. Logique, vu la stratégie que vous avez déployée. Les multiples figures que vous avez jouées vous ayant enrichi d'une l'expérience des autres qui pourraient vous permettre lorsque vous vous retrouverez de témoigner de la richesse de votre expérience de vie.

**Notez ici les quatre mots clés forts avec lesquels vous vous caractérisez**

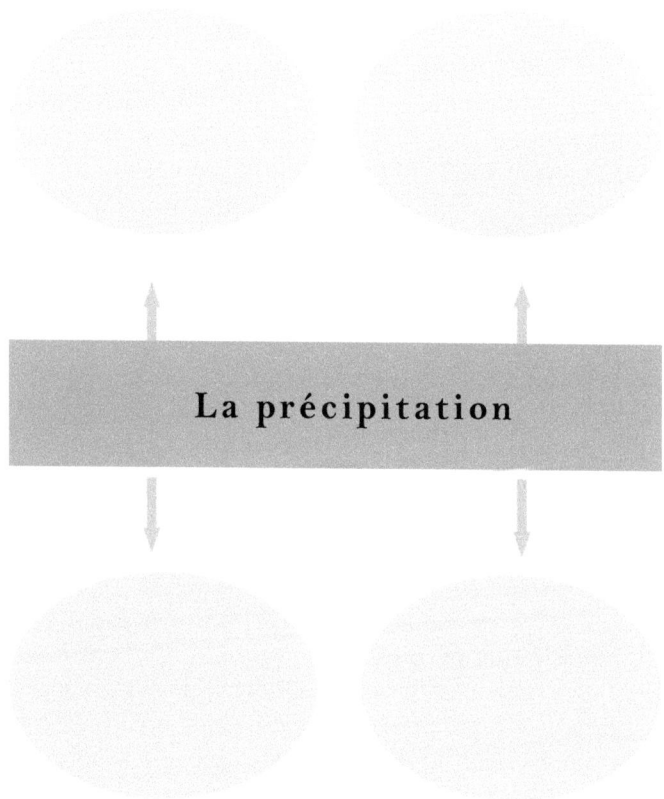

*4. L'incrédulité*

Vous ne croyez plus en grand-chose et surtout pas que vous pouvez être heureux(se). Rien ne peut vous arriver de bon. Voilà la grande conclusion de votre vie. Histoire personnelle que vous consacrez à investir dans des projets souvent inachevés ou sabotés s'ils ont une chance de succès. Les personnes agies par le point faible de l'incrédulité n'ont souvent aucun sens de leur valeur réelle, et estiment difficilement la réalité des situations qu'elles rencontrent. Souvent par faute d'en saisir les enjeux, elles ont du mal à « tirer leur épingle » du jeu. Normal, vous ne le méritez pas ! Voilà ce que vient vous répéter, pour vous en convaincre, le « bourreau » qui occupe toutes vos pensées… Vous savez par cœur comment vous mettre plus en difficulté encore que les épreuves de la vie ne l'exigent. Pourquoi vous faire plus de mal que vous n'en avez déjà vécu ? Pourquoi vous venger de vous, comme si vous étiez le seul responsable des souffrances de votre histoire ? Pourquoi cette culpabilité perpétuelle qui vous pousse à résister ainsi à tout ce que la vie pourrait vous apporter ? Vous pouvez avoir du mal à gérer votre alimentation, votre santé, votre apparence physique, votre bien-être en général. Vous êtes intérieurement en colère et parfois cela se voit. Cela complique vos relations et limite votre capacité à exprimer les émotions qui vous habitent ou à être soutenu(e). Vous êtes ainsi très capable de vous « mettre à dos » toutes les personnes qui pourraient vous accompagner car vous passez pour une personne… qui n'a besoin de personne. Vous pouvez ainsi avoir des paroles ou des actes qui blessent les autres et les éloignent de vous. A votre grand désespoir, et sous le masque d'une apparente indifférence qui peut vous rendre encore plus détestable. Vous pouvez aussi être très étourdi, régulièrement en retard, ou avoir oublié l'essentiel dans les actions à réaliser, ce qui empêchera leur aboutissement. Dans vos actions, il y a autant d'excellentes initiatives que de « ratés » dans le seul but de les contrecarrer. Vous souhaiteriez avancer, vous êtes plein de bonnes intentions, mais ne croyant pas au résultat car vous avez vécu beaucoup d'échecs ou d'infortune, vous avancez toujours à la manière d'un crabe. Dans un sens en même temps que l'autre, ce qui empêche de suivre une direction égale qui donnerait forcément un résultat dans le temps, si vous teniez le cap.

**Notez ici les quatre mots clés avec lesquels vous vous caractérisez**

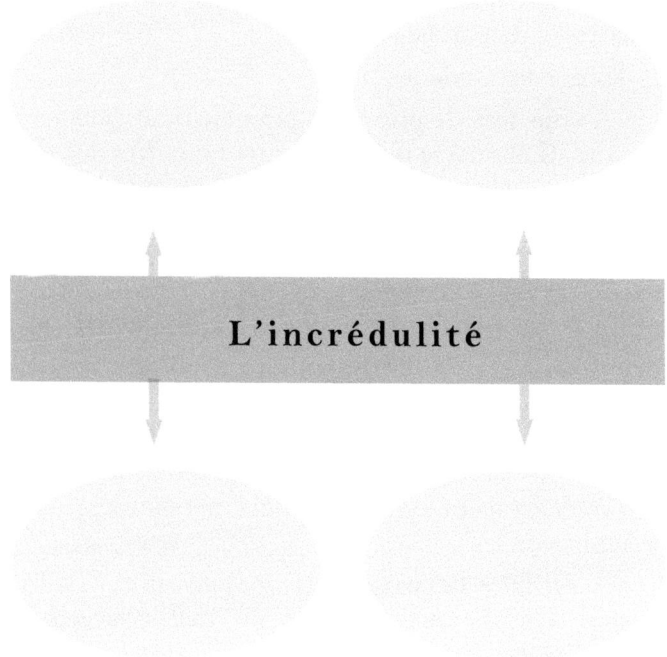

## 2.7 Examiner le point faible d'action

**Refaites maintenant le même exercice avec le point faible d'action.**

**Pour l'identifier, placez-vous dans la posture suivante :**

Imaginez que vous êtes dans une situation où vous vous sentez en difficulté. Repensez à une situation stressante que vous avez vécue, ou utilisez un exemple proposé dans le quizz, en prenant conscience de vos automatismes.

**Comment avez-vous l'habitude vous comporter ou de réagir dans les situations où vous vous sentez fragilisé(e) ?**

Voici quelques exemples pour vous accompagner dans votre démarche d'enquête.

Vous avez tendance :

- A vous faire le plus petit possible pour échapper à la situation ou à la fuir, à accepter ou entretenir des situations ou des relations qui vous ne conviennent pas, à ne pas savoir négocier, à vous faire abuser dans vos démarches, à ne pas valoriser toutes vos capacités, à avoir du mal à demander de l'aide ou du secours, à affronter les évènements seul(e). (L'effacement)

- A faire dix mille choses en même temps pour essayer de résoudre les situations sans réfléchir et à le regretter ensuite, à éviter de regarder de trop près ce qui vous dérange, à vous charger d'occupations qui vous coupent de vos projets personnels ? (La précipitation)

- A en faire de trop, à être impatient(e), à faire preuve d'intolérance, à avoir du mal à accepter qu'on vous prodigue des conseils, à vous imposer un rythme ou des engagements difficiles à tenir, à faire les choses par obligation, à ne jamais parler de vous ou de vos difficultés ? (L'exigence)

- A avoir un fort sentiment d'impuissance et de ne pas maîtriser votre vie, à vous placer fréquemment en victime et à juger que les autres sont responsables de vos difficultés, à négliger des engagements, à laisser les difficultés s'entasser ? (L'incrédulité)

**Résultats (après lecture des stratégies) :**

Point faible d'être est :......................
................................................
................................................
................................................
................................................
................................................
................................................
................................................

Point faible d'action est :......................
................................................
................................................
................................................
................................................
................................................
................................................
................................................

## 2.8 Appuyez sur pause

Vous venez de réaliser un vrai travail d'enquête pour identifier vos points faibles.

Il est assez naturel de se sentir déstabilisé(e). Cependant, ne vous installez pas dans des pensées négatives concernant cette prise de conscience.

**Car encore une fois, c'est votre point faible qui serait à l'action.**

Ne faites pas non plus de vos points faibles, vos ennemis. Car ils ont été les « compagnons » de votre enfance. Acceptez-les et remerciez-les, simplement.

Entrez en curiosité joyeusement. Servez-vous de cet atout qu'est la prise de conscience de vos déterminismes.

Dans la deuxième partie de ce manuel, vous allez découvrir un ensemble de propositions avisées pour limiter les interventions perturbatrices de vos points faibles dans votre parcours code de la route et conduite.

Ces pistes de réflexion et de travail concret vous permettront d'avancer efficacement dans votre formation.

Et c'est ce qui compte. Le présent. Votre projet permis de conduire.

Auparavant, vous allez découvrir comment déployer de nouvelles stratégies pour agir de manière plus libre et inverser la tendance actuelle.

Les pratiquer dans votre vie courante, en parallèle à votre parcours permis, facilitera le déroulement de celui-ci. Un entraînement régulier et quotidien débouchera forcément sur le résultat que vous souhaitez. Alors soyez tenaces !

# III) Activez les clés de votre libération

## 3.1 Point fort : Lister les ressources que vous avez développées

Rayez les qualités ou capacités jusqu'à extraire celles qui vous décrivent le mieux. Conservez ainsi 5 qualités (ce qui vous définit) et 5 capacités (ce que vous savez déployer).

- Être adroit(e)
- Ambition
- Application
- Être attachant(e)
- Audacieux(se)
- Authentique
- Autonome
- Avenant(e)
- Aventureux(se)
- Bienveillant(e)
- Calme
- Chaleureux(se)
- Combatif(ve)
- Communicatif(ve)
- Communiquant(e)
- Compréhensif(se)
- Concentré(e)
- Conciliant(e)
- Confiant(e)
- Consciencieux(se)
- Coopératif(ve)
- Courageux(se)
- Créatif(ve)
- Curieux(se)
- Débrouillard(e)
- Décidé(e)
- Déterminé(e)
- Diplomate
- Auto- Discipliné(e)
- Disponible
- Doux(ce)
- Droit(e)
- Dynamique
- Efficace
- Empathique
- Endurant(e)
- Énergique
- Engagé
- Enthousiaste
- Entreprenant
- Équitable
- Être à l'écoute
- Flexible
- Fort, forte
- Franc, franche
- Gai, gaie
- Généreux(se)
- Gentil(le)
- Habile
- Honnête
- Humble
- Imaginatif(ve)
- Impliqué(e)
- Indépendant(e)
- Infatigable
- Ingénieux(se)
- Inspiré(e)
- Intègre
- Intuitif(ve)
- Inventif(ve)
- Joueur(se)
- Jovial(e)
- Juste
- Logique
- Loyal(e)
- Lucide
- Méthodique
- Minutieux(se)
- Modeste.
- Naturel(le)
- Objectif(ve)
- Observateur(ice)
- Obstiné(e)
- Optimiste
- Ordonné(e)
- Organisé(e)
- Original(e)
- Ouvert(e)
- Pacificateur(ice)
- Patient(e)
- Persévérant(e)
- Persuasif(ve)
- Positif(ve)
- Philosophe
- Pratico-pratique
- Précis(e)
- Prévoyant(e)
- Prudent(e)
- Rationnel(le)
- Réaliste
- Réfléchi(e)
- Réservé(e)
- Résilient(e)
- Résistant(e)
- Résolu(e)
- Responsable
- Rigoureux(se)
- Rusé(e)
- Sensible
- Sérieux(se)
- Sincère
- Sociable
- Soigneux(se)
- Solide
- Souple
- Spontané(e)
- Studieux(se)
- Sympathique
- Tempéré(e)
- Tenace
- Tolérant(e)
- Tranquille
- Travailleur(se)
- Vif(ve)
- Vigilant(e)
- Volontaire
- Vrai(e)
- Zen

## 3.2 Révélez vos forces

Complétez les deux tableaux ci-après, en reportant dans chacun d'eux les qualités et capacités que vous avez reconnues chez vous :

### Les qualités développées

1. Première qualité :

2. Deuxième qualité :

3. Troisième qualité :

4. Quatrième qualité :

5. Cinquième qualité :

### Les capacités développées

1. Première capacité :

2. Deuxième capacité :

3. Troisième capacité :

4. Quatrième capacité :

5. Cinquième capacité :

### 3.3. Les qualités et capacités utiles au parcours permis

Vous êtes-vous déjà interrogé(e) une seule fois sur les capacités et les qualités utiles pour atteindre votre objectif ?

J'ai un doute…

Avec cette question primordiale que j'entends régulièrement en arrière-plan : « Est-ce que je vais réussir ? » je vous vois cramponné(es) aux peurs de ne pas savoir faire, mais jamais à celles de ne pas savoir être.

Pourtant, l'essentiel de votre succès tient dans les qualités et capacités que vous utiliserez et développerez au fur et à mesure de votre parcours, plutôt que dans votre adaptabilité à acquérir des contenus du code de la route ou à conduire une voiture. Ceux-ci devant sans cesse être réactualisés puisqu'ils sont modifiés régulièrement.

La question n'est pas : quoi apprendre ? Mais comment s'y préparer ou comment répondre aux exigences de l'apprentissage et des examens ?

Se situer dans **un état d'esprit** qui permet la réussite.

**S'appuyer sur ses qualités et ses capacités** pour aborder toutes les étapes du parcours et de l'apprentissage.

**Rester centré sur soi** et ne pas se perdre ou se noyer dans les objectifs à atteindre.

**Vous êtes la clé qui va ouvrir toutes les portes et les barrières à franchir.**

Prenez un moment pour répondre aux quatre questions suivantes. Quelles sont, à votre avis, les qualités et capacités qui :

1. Faciliteront le bon déroulement de votre parcours permis ?

2. Vous permettront de progresser dans votre parcours code ?

3. Favoriseront votre parcours conduite ?

4. Vous prédisposeront à vous présenter aux examens dans les meilleures conditions ?

**Notez dans la première colonne les qualités et capacités dont vous disposez déjà et dans celle de droite, celles qui vous manquent ou auxquelles vous n'aviez pas pensées.**

**Tenez compte des écarts que vous constatez.**

**Gardez-les constamment et précieusement en mémoire. Appliquez-vous à développer ces qualités ou capacités. Car c'est grâce à elles que vous aboutirez.**

Voici un exemple pour illustrer mon propos : JM travaille sur son code depuis plusieurs années. Malgré ses points faibles l'incrédulité et la précipitation, il a dépassé les blocages liés à la compréhension du vocabulaire, il a étudié parfaitement son livre de code, il s'est entraîné d'arrache-pied sur les séries. Bref, c'est un « élève modèle ». Mais il ne croit pas en lui et manque de ténacité, d'optimisme et de confiance en sa capacité à réussir, trois qualités essentielles dans ce parcours. Après plusieurs échecs à l'examen, il vient d'abandonner sa formation. S'il n'avait pas douté de son succès, il aurait certainement déjà obtenu un résultat positif, ce d'autant plus qu'il a un très bon niveau de conduite[4]. S'il a réussi à maîtriser la précipitation et à ordonner son parcours, et ainsi à progresser, il n'a pas renversé son point faible d'être l'incrédulité et développé les qualités qui auraient inversé la tendance. Cela lui coûte très cher.

---

4 "L'obstination est le chemin de la réussite " Charlie Chaplin

## PARCOURS PERMIS :

*Qualités - capacités :*
Authentique - Coopératif(ve) - Débrouillard(e) - Décidé(e) - Disponible - Dynamique - Engagé - Enthousiaste - Flexible - Impliqué(e) - Indépendant(e) - Optimiste - Ordonné(e) - Patient(e) - Positif, positive - Résolu(e) - Responsable - Sérieux(se)

Réalisé :


A acquérir ou développer :

## PARCOURS CONDUITE :

*Qualités - capacités :*
Auto-Discipliné(e) - Efficace - Énergique - Enthousiaste - Impliqué(e) - Indépendant(e) - Joueur(se) - Logique - Observateur(trice) - Optimiste - Persévérant(e) - Pratico-pratique - Rigoureux(se) - Souple - Volontaire

Réalisé :

A acquérir ou développer :

## PARCOURS CODE :

*Qualités - capacités :*
Auto-Discipliné(e) - Efficace - Énergique - Enthousiaste - Impliqué(e) - Indépendant(e) - Infatigable - Logique - Méthodique - Observateur(trice) - Optimiste - Organisé(e) - Persévérant(e) - Rigoureux(se) - Studieux(se) - Tenace - Volontaire

Réalisé :


A acquérir ou développer :

## EXAMENS :

*Qualités - capacités :*
Confiant(e) - Fort, forte - Logique - Méthodique - Patient(e) - Positif(ve) - Résolu(e) - Responsable - Zen

Réalisé :


A acquérir ou développer :

## 3.4 Reconnaître son point fort

Prenez le temps d'identifier la qualité ou la capacité la plus présente et constante dans votre vie, qui vous a permis de relever tous les défis et de surmonter toutes les difficultés. Pour cela choisissez celle qui est le plus présente dans votre vie, ou celle qui pourrait définir l'ensemble des qualités ou capacités que vous avez retenues.

Êtes-vous courageux, tenace, volontaire, déterminé, bienveillant, curieux, imaginatif, authentique, solide, doux, spontané, organisé ? …

Entrez en vous pour ressentir cette force et mettez des mots sur cette sensation pour pouvoir la traduire en une qualité qui vous est essentielle.

Vous repérerez sans problème votre point fort, si vous prenez le temps de passer un moment avec vous.

Car même si vous n'aviez pas identifié votre point fort ou pas encore appris à le placer au centre de votre vitalité, il a toujours été là pour vous.

Mon point fort est :

Il me permet d'avoir une image de moi plus fidèle. En fait, je suis...

Il me permet de dépasser les situations en... (Indiquez ce qu'il vous a permis de réussir, ou d'obtenir dans des situations les plus concrètes possibles)

### 3.5 Une nouvelle façon d'aborder la vie
**Suivez la méthodologie suivante :**

*1.La mise en place*

- Achetez-vous un petit carnet.
- Sur la première page, indiquez votre prénom, votre nom, (vos coordonnées si vous le souhaitez).
- Sur la deuxième page, faites un dessin qui représente l'engagement que vous prenez avec vous dans cette nouvelle étape de votre vie, ou collez une image qui correspond à cette nouvelle relation avec vous.
- Page suivante : Notez votre point fort
- Quatrième page : Notez la date et créez une phrase qui indique clairement ce que vous souhaitez réussir grâce à votre point fort. Vous l'utiliserez lorsque vous rencontrerez des situations difficiles ou pour concrétiser les démarches que vous entreprenez. Cette phrase peut évoluer au fil du temps.

**Exemple de phrases basées sur le point fort :**

« Grâce à mon point fort le courage, j'apprends à lâcher prise et à mettre en place toutes les actions utiles pour construire sereinement ma vie. »

**J'écris la phrase que j'ai créée :**
**Grâce à mon point fort : Je...**

## 2. Pratiquez au quotidien

Chaque jour :

- Repérez les moments où vous êtes 'manipulé(e)' par votre point faible.
- Centrez-vous et prononcez-à voix haute votre phrase point fort dans ces moments. Répétez-là, jusqu'à ce que vous vous sentiez détendu(e) et confiant(e).
- Notez sur votre carnet, la date ainsi que les occasions dans lesquelles vos anciennes stratégies ne vous ont pas permis d'atteindre le résultat que vous attendiez, en relevant les écarts avec les résultats que vous attendiez. Cela vous permettra d'être de plus en plus vigilant(e) et de repérer les situations dans vos points faibles se déploient à votre insu.
- Répétez votre phrase point fort à tout moment dans la journée, pour vous habituer à le faire entrer dans votre vie.
- Notez vos progrès et les situations dans lesquels vous avez pu les constater, (lorsque vous avez reconnu la présence de vos points faibles et/ou contrecarré leur présence).
- Effectuez ce travail, sans relâche (Vous développerez ainsi la ténacité).
- N'hésitez pas à relire, à la fin de chaque semaine, toutes les victoires obtenues. Ce retour en arrière vous encouragera à utiliser de plus en plus cette méthode.

Soyez régulier(e). Vous allez voir que très vite, de nouvelles perspectives s'installent.

### 3.6) Les marches du progrès

Il y a 2 temps différents à respecter, lorsque vous commencez à modifier vos habitudes. Chacun d'eux a son importance. Ne brûlez pas les étapes.

**Écouter et noter dans votre carnet,** les pensées jugeantes sur vous qui résonnent dans votre tête

A force de les entendre depuis de nombreuses années, vous ne vous rendez plus compte à quel point les jugements des autres continuent d'imposer leur présence par l'émission de pensées quasi constantes et dévalorisantes.

Reconnaître les situations où, à votre insu, le point faible d'être vous entraîne vers des stratégies anciennes. Cela fragilise la confiance que vous pouvez avoir en vous et met en péril le résultat de toutes vos actions.

**C'est le temps de la distanciation.**

**C'est la première marche** vers la transformation grâce à l'utilisation quotidienne du carnet. Pendant cette phase, vous vous apercevrez que vous avez adopté des comportements ou des pensées systématisées. Ce n'est pas grave, c'est la force de l'habitude qui est encore en marche. Répétez à voix haute, la phrase que vous avez construite avec votre **point fort et laissez passer ces jugements anciens, sans leur résister.** Écoutez-les avec bienveillance, sans vous laissez entraîner dans les émotions qu'ils suscitent habituellement. Avancez sans relâche grâce au soutien de votre carnet et grâce aux prises de conscience que vous effectuez.

**Deuxième temps :** Au fur et à mesure que vous allez vous entraîner, vous allez remplacer les stratégies des points faibles par l'énergie qui vous anime (point fort). C'est à ce moment qu'intervient le changement et l'inversion des tendances. **Vous avancerez ainsi grâce au centrage sur l'énergie du point fort qui vous porte. Vous serez passé de la réaction à la création, avec une image de vous plus fidèle et authentique.**

### 3.7 Inverser les tendances grâce au point fort

*1. Je suis sous l'emprise de mon point faible*

| Situation nouvelle ou complexe. | J'ai peur, je ne me sens pas à l'aise, je me sens en difficulté… | Apparition du stress. Je ne gère pas la situation. Je renforce mes croyances négatives. Je stagne. |
|---|---|---|
| L'action est bloquée. | | Mise en place des stratégies des points faibles. |

*2. Je rétablis la situation grâce à mon point fort*

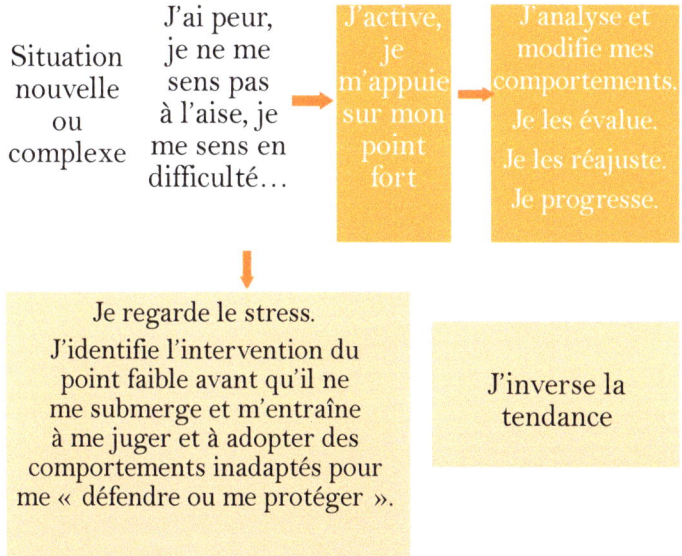

## 3.8 Restez vigilants ! Le point faible sait jouer.

Vous allez vous apercevoir que des modifications subtiles, inattendues, imprévues apparaissent dans les petites actions de tous les jours, améliorant ainsi votre quotidien, d'une façon qu'on pourrait qualifier de « magique ».

Si vous persistez, vous allez alors vous extraire de l'emprise de vos points faibles. Cela ne veut pas dire qu'ils auront disparu, mais qu'ils ne vous emprisonneront plus avec la même intensité. Vous ressentirez ce changement grâce à l'apparition d'un sentiment d'apaisement et/ou de joie. Vous aurez inversé globalement la tendance tel que l'a présenté le schéma ci-dessus.

Le risque est de lâcher cet entraînement à ce moment précis. N'en faites rien !

C'est une illusion de croire que vous maîtrisez définitivement vos points faibles. J'irai même plus loin ! Cette impression est justement une création induite par eux. Car il y a des évènements majeurs qui interviennent dans notre vie et sur lesquels nous n'avons aucun autre pouvoir que celui de rester fidèle à cette logique du point fort, sous peine de retomber dans nos anciens schémas.

Lorsque les points faibles perdent de leur intensité, ils savent déployer de nouvelles logiques, plus fines, plus subtiles, plus difficiles à déceler alors qu'ils continuent d'être présents. Ils sont nos « premiers réflexes » dans les situations qui nous agressent et qui nous renvoient à des émotions anciennes.

**Votre travail consiste donc :**

- A accepter le fait que ces stratégies feront toujours partie intégrante de votre vie, dans les situations tendues et fragilisantes. Car ils se présentent comme une bouée de sauvetage qui vous rassure.

- A rester en état de vigilance constante. Cette attitude vous permettant d'être toujours plus proche et plus conscient(e) de vous-même et des actes que vous posez.

- A entretenir l'amitié et la bienveillance que vous vous porterez, quoiqu'il advienne, et renforçant l'énergie de vie qui vous anime, c'est-à-dire, celle du point fort.

Vous vous découvrirez, sur ce chemin de transformation, de nombreuses qualités que vous pourrez déployer au gré de vos besoins, augmentant ainsi graduellement votre confiance en vous.

## 3.9 Expérimenter l'ensemble des points faibles d'action

Lorsque vous avez reportées vos réponses dans la grille de résultats du quizz, vos résultats vous ont permis d'identifier deux points faibles d'action, au lieu d'un seul. Trois points faibles ont donc été révélés au total, au lieu de deux.

Ne tentez pas de modifier ce triple résultat. Au fil du temps et grâce à l'observation des stratégies que vous mettez en place dans les situations fragilisantes que vous rencontrez, vous pourrez :

- Vérifier quel point faible d'action est le plus actif,

- Dans quelles situations, tel point faible d'action s'exprime.

Je pense que même si nous reconnaissons, à un moment donné, un point faible d'action spécifique, d'autres peuvent apparaître au cours de différentes étapes de notre vie. Je me demande même si, en fait, au fur et à mesure que nous cheminons, nous n'expérimentons pas tous les points faibles d'action.

Cette expérience nous permet de découvrir des facettes de nous-même que nous n'avions jusqu'alors pas reconnues. Ces stratégies peuvent être celles de nos parents que nous avons empruntées par réflexe et dupliquées par la force de l'habitude.

Les explorer nous permet sans doute de mieux nous connaître et d'enrichir ainsi la relation que nous avons avec nous-même. Cela peut aussi nous aider à être plus lucide notamment sur la posture du parent avec lequel nous nous sommes « construit(e)s ». Cela facilitera sans doute la relation ou la communication avec lui.

Je suis persuadée que ce travail sur notre histoire peut rejaillir sur nos ascendants et créer de profondes modifications en chaîne. Sans oublier bien sûr, la liberté que cela procurera à nos descendants.

Ces transitions s'effectueront sans doute, lorsque vous aurez entrepris d'avancer grâce à votre point fort, et à l'utilisation quotidienne de votre carnet de bord. Traitez d'abord votre point faible d'action le plus prégnant, pour ne pas vous éparpiller et vous perdre. Les évènements de votre vie vous indiqueront clairement, lorsque vous êtes sous l'emprise d'un nouveau point faible d'action. La rencontre avec des personnes présentant des points faibles d'action soit différents ou soit similaires du nôtre, révèle alors, celui qui nous agit le plus dans le moment présent.

# DEUXIÈME PARTIE

Le parcours permis

# IV) Les fondations pour créer un parcours permis à votre image

## 4.1 Introduction

Le projet du permis de conduire est crucial dans une vie, au-delà des changements positifs que son aboutissement va générer. Et vous connaissez, sans doute, la force de tout ce qu'il vient toucher, bousculer et modifier.

La majorité des candidats arrivent tous en vous disant :

« Non, mais tu sais, moi j'ai vraiment besoin du permis ! ».

Ils ne se rendent souvent pas compte de la portée de cette phrase et de leur vulnérabilité dans ce projet.

Au fil des années, j'ai vu s'exprimer nombre de points forts et de points faibles dans les parcours permis et j'ai pu ainsi vérifier le besoin pour les personnes d'avancer en conscience.

Souvent les « élèves », malgré tout leur investissement stagnent dans leur apprentissage. Et je les entends répéter : « Oui, ça c'est tout moi, c'est toujours comme cela que je fonctionne ! »

Oui, mais malgré ce soudain espace de lucidité, ils retournent à leurs habitudes, si ancrées qu'ils ne se rendent plus compte de leur impact sur leurs croyances ou leurs comportements.

Vous pensez souvent, que si vous ne progressez pas dans votre parcours permis, que ce soit au niveau de l'apprentissage du code ou de la conduite, que ce sont vos capacités à apprendre que vous devez remettre en cause.

Mais ce n'est pas vrai ! Souvent votre stagnation est liée à des stratégies personnelles que vous avez mises en place depuis très longtemps, à votre insu. Elles se réactivent dès que vous vous sentez fragilisé(e) et vous découragent, ébranlant ainsi votre parcours.

**Ce n'est pas votre capacité à apprendre qui limite votre progression et votre réussite, mais c'est la manière dont vous utilisez vos ressources.**

4.2 L'impact des points faibles dans l'organisation du parcours

Si votre parcours est « chaotique », si vous l'avez stoppé parce que vous ne progressiez pas, si son coût dépasse largement ce que vous aviez prévu…

Alors il est temps de faire un retour en arrière et un arrêt sur image pour le poser à plat et de prendre le temps de l'analyser. Afin de vérifier que votre point faible n'est pas passé par là…

Car, peut-être à votre insu, quelque chose s'est joué, qui vous a échappé.

**Les « couacs » dans le parcours permis :**

- Vous n'arrivez pas à vous organiser pour compléter et finaliser votre dossier d'inscription. Ce qui fait que vous êtes inscrit(e) sans vraiment l'être.

- Il vous manque des papiers administratifs indispensables. Vous ne savez pas comment les récupérer si vous les avez égarés et quelles démarches entreprendre pour les récupérer.

- Vous vous êtes inscrit(e) sur un coup de tête dans une auto-école sans vérifier si elle était en mesure de répondre à vos attentes, à vos besoins, à votre disponibilité. Vous n'avez pas osé exprimé vos interrogations ou vos craintes.

- Vous vous êtes inscrit(e) à l'auto-école, mais vous n'avez jamais le temps d'y aller.

- Vous êtes « noyé(e) dans le parcours d'apprentissage du code, ne sachant absolument pas comment vous y prendre. Votre niveau stagne et vous vous sentez totalement impuissant(e).

- Vous avancez au gré de vos possibilités financières sans avoir préalablement budgété votre parcours, ce qui fait qu'il comprend de nombreuses interruptions qui vous coûtent très cher.

- Vous aviez droit à des aides financières pour payer votre permis. Vous ne le saviez pas (à vrai dire, vous n'avez pas pris le temps de réfléchir à la question). Cela vous oblige à interrompre votre parcours.

- Vous avez changé d'auto-école à plusieurs reprises. Vous manquez de crédibilité aux yeux du nouvel établissement où vous venez de vous inscrire. Vous êtes emprisonné dans vos jugements personnels.

- Votre vie personnelle ou professionnelle est fragile et impacte sur l'organisation de votre parcours.

**Cette liste pourrait encore s'allonger.**

Ne sont cités ici que les situations les plus fréquentes. Certaines se conjuguent parfois.

**Avez-vous remarqué que ces difficultés sont déterminées par des motifs qui ne remettent pas en cause vos capacités ou vos qualités personnelles pour l'apprentissage ?**

Il y a de fortes chances que votre point faible soit à l'œuvre. Il vous entraîne alors, dans des impasses qui vous empêchent de déployer toutes vos ressources personnelles. Qui sont nombreuses. Nous le savons fort bien, vous comme moi.

*1.L'impact des points faibles sur le déroulement de votre parcours.*

Votre point faible peut impacter sur l'un des 3 plans suivants :
- L'implication (l'énergie)
- Le temps
- L'argent

Si vous n'avez pas cherché à organiser des solutions pour ces trois points, il manquera toujours un élément essentiel pour aboutir. Observez sur lequel de ces plans, votre point faible intervient et fragilise votre parcours.

**Exemples :**

Le précipité aura surtout du mal à gérer les trois plans simultanément.

L'incrédule aura tendance à fuir les difficultés qu'il rencontre, sur l'un ou l'autre de ces trois points.

L'exigent aura du mal à se motiver s'il se sent en difficulté.

Peu importe la difficulté que l'effacé pourra rencontrer. Le problème est qu'il ne saura pas demander de l'aide pour mettre en place les solutions dont il a besoin.

*2.Complétez les cadres ci-après:Quels sont les désordres que vous constatez dans votre parcours ?*

Les problèmes rencontrés
(exemple : je manque de disponibilité) :

Entourez le ou les plans concernés :

Ma motivation   Le budget   La gestion de mon temps

## 4.3 Reprendre le contrôle grâce à son point fort

Complétez dans le tableau ci-après, les démarches à effectuer pour installer équilibre et cohérence dans votre parcours. Puis listez les actions à engager concrètement grâce au soutien de votre point fort.

| | | |
|---|---|---|
| **INSCRIPTION** financement<br><br>Qui paye ?<br><br>Tarif : | Date inscription | Démarches à réaliser :<br>Modalité de règlements, contrat,<br>Document pour dossier administratif.<br>Demande des horaires code.<br>Accueil et code la route. |
| Code<br><br>Qui paye ?<br><br>Tarif : | Date début cours | Calendrier des séances code/stage code.<br>Quel soutien dans l'apprentissage,<br>Accés, série,<br>Obtenir le livre de code... |
| Examen code<br><br>Qui paye ?<br><br>Tarif : 30 euros | Date examen code prévisible | Période intensive d'entraînement. |

| Nombre de leçons de conduite prévues.<br><br>Qui paye ?<br><br>Montant participation personnelle ?<br><br>Échéancier de paiement tenable ? | Parcours conduite :<br><br>date de début<br><br>date de fin | Calendrier des leçons |
|---|---|---|
| Possibilité de paiement et calendriers doivent être en cohérence ||| 
| Examen conduite<br><br>Qui paye ?<br><br>Tarif = 1 leçon de conduite<br>Y'a t-il un forfait ?<br>Quelles sont les modalités de régelement ? | Echéance approximative envisagée | Date 1er passage<br><br>Quels délais pour un 2ème passage si échec.<br><br>Combien d'heures supplémentaires ? |
| Échéances maximum à respecter/financements obtenus : date limite |||

# V) Rebondir dans son parcours code

## 5.1 Impact des points faibles sur le parcours code

Vous avez fixé le cadre de votre parcours code de la route. Il vous reste maintenant à vous préparer au progrès et à la réussite. La combinaison de ces deux aspects vous permettra de dépasser vos blocages et de rebondir.

Vos points faibles d'être et d'action parasitent votre formation théorique. J'ai pu le constater à de trop nombreuses reprises. Parce que vous vous concentrez exclusivement sur le résultat à atteindre et que vous êtes obsédé(e)s par le fait de donner les bonnes réponses, vous vous installez dans un état d'esprit et des comportements qui impactent négativement sur votre façon d'apprendre ou de vous entraîner.

Quand vous commettez des fautes dans les séries, vous restez ancré(e)s sur l'idée que vous ne maîtrisez pas assez le code de la route, et vous passez à côté de la compréhension de la véritable cause de vos erreurs.

C'est dommageable et cela ralentit considérablement votre progression dans cette première partie du parcours.

Alors prenez en compte les propositions qui vont suivre ! Et vous verrez des changements positifs s'effectuer très rapidement. Vous trouverez ci-après une description des stratégies mises en place inconsciemment, selon la nature de votre point faible.

Je vous conseille de toutes les lire. Vous pourrez ainsi mesurer combien leur présence peut encombrer votre parcours et augmenter significativement sa pénibilité et sa durée.

Combiné au travail personnel que vous aurez déjà accompli, il vous sera alors assez facile de vous recentrer sur l'essentiel et de pouvoir constater des progrès rapides dans votre parcours.

Ce qui est bien l'objectif principal de ce manuel et de cette méthode.

## 5.2 Impact de l'effacement sur le parcours code

Vous êtes de type effacé :

*1.La manière de gérer votre parcours code*

- Vous n'osez pas demander de l'aide pour organiser votre apprentissage du code.
- Vous n'arrivez pas à communiquer pour trouver des solutions si vos horaires ne correspondent pas à votre disponibilité. D'ailleurs, avez-vous posé cette question préalable avant de vous inscrire, pour identifier l'auto-école la plus adaptée à vos besoins ?
- Vous n'osez pas poser de questions sur le déroulement de l'examen de code ou les modalités pour s'y inscrire.
- Souvent, vous pensez que c'est l'auto-école qui va décider quand vous présenter alors que c'est à vous d'estimer quand vous vous sentez prêt(e).

### *2. La manière de vous comporter en séances code*

- Vous craignez d'interpeller votre formateur alors que vous avez besoin de lui. « Je vais faire perdre du temps aux autres, ou ils vont se moquer de moi. Çà n'en vaut pas la peine. Tant pis, je comprendrai mieux la prochaine fois » Vous baissez la tête et vous vous taisez.

- Vous avez du mal à participer à une discussion en salle de code.

- Ah, vous étiez là ? Vous vous cachez tellement, qu'on ne vous avait pas vu(e) !

- Ce comportement est significatif. Vous craignez de déranger les autres.

### *3. La manière de traiter les questions dans les séries*

- Vous n'arrivez pas à décider quelles lettres cocher. Pourtant, vous avez spontanément choisies vos réponses depuis longtemps. Mais vous n'êtes pas sur(e)…Vous attendez le dernier moment pour répondre. « Et si je m'étais trompé(e), et si j'en avais oublié, et si ce n'était pas les bonnes réponses ? »

- Ce comportement est significatif et récurrent. Vous êtes toujours dans le doute et cela vous conduit à commettre des fautes.

**Réalisez l'entraînement suivant :**
- Effectuez vos séries en vous concentrant sur la manière dont vous traitez les diapositives (traitement

des questions, analyse des situations), plutôt que sur le résultat.

- Entraînez-vous à analyser les situations et à trouver vos propres réponses, comme si vous étiez en train de conduire. Vous n'aurez plus qu'à cocher les réponses qui correspondent aux choix que vous avez déjà faits.

- Dès que vous avez choisi toutes vos réponses, cochez-les directement, en vous défiant de l'habitude systématique qui vous entraîne à douter de leur valeur.

- Selon la forme des questions et des réponses, déterminez avant d'effectuer vos choix, le nombre de réponses minimum et maximum à cocher.

- Appuyez-vous sur la méthodologie d'apprentissage conseillée ci-après pour vous entraîner, ainsi que sur votre point fort pour modifier vos habitudes.

- Obligez-vous à participer en salle de code et à donner vos réponses ou votre avis à la correction. Peu importe ce que vous direz et si ce n'est pas toujours exact. Au travers de cette excrcice, vous apprendrez surtout à sortir de l'effacement et à aimer prendre votre place.

## 5.3 Impact de la précipitation sur le parcours code

Vous êtes de type précipité :

*1.La manière de gérer votre parcours code*

- Vous êtes-vous déjà posé cette question ? Comment m'organiser pour apprendre le code ? Non ? C'est bien ce que je pensais…

- Faites-vous la différence entre apprendre, réviser, s'entraîner, se préparer à l'examen ? Non et c'est bien dommage.

- Avez-vous foncé tête baissée dans l'entraînement sur séries avant d'ouvrir votre livre de code ? Il y a des chances. Le résultat, c'est que plus vous faites de séries, plus vous vous sentez noyé(e) par une tonne d'informations hétéroclites à retenir. Cette façon de procéder vous induit en erreur et vous décourage. Sortez de l'idée qu'il y a une multitude de choses à apprendre dans le code de la route.

- Et si vous repreniez tout depuis le début ? Les conseils qui vont suivre, vont vous y aider.

*2.La manière de vous comporter en séances code*

- Certes, vous posez des questions à votre formateur, mais elles partent dans tous les sens. Vous n'obtenez souvent pas l'information que vous attendiez car vous l'avez noyé dans un surplus de détails qui la rende incompréhensible… C'est pour cela que vous êtes souvent déçu(e) face aux réponses des enseignants.peuvent vous donner.

*3.La manière de traiter les questions*

- Vous répondez toujours trop vite.

- A la correction, vous dites souvent : « Mais oui, je le savais, c'est cette réponse là que je voulais donner ! Mais pourquoi j'ai coché la réponse A, alors que c'était la C que j'avais choisie ? » Et vous refaites la même chose à la série suivante.

- Ce comportement est récurrent. Vous vous précipitez, ne prenez pas le temps de vérifier que les réponses que vous avez cochées correspondent à vos choix. Et c'est cela qui crée des fautes. Cela n'a rien à voir avec votre connaissance du code de la route.

- Vous n'avez pas assez analysé la question et vous êtes trompé sur son sens. Le délai pour répondre vous met la pression.

- Vous faites aussi souvent des erreurs parce que vous n'aviez pas vu un panneau, un agent, un feu tricolore. En clair, vous ne prenez pas le temps d'observer attentivement les situations qui vous sont proposées.

- Vous employez souvent, pour justifier vos fautes, les expressions suivantes : « Je croyais que, je pensais que… » car vous ne prenez pas le temps d'analyser les informations que vous avez recueillies.

- Par réflexe de protection, vous associez souvent ce que vous voyez à ce que vous connaissez déjà au risque de vous tromper de sujet et vous répondez … à côté de la question posée.

**Entraînez-vous à faire des séries, de la manière suivante :**

• Relisez une 2ème fois la question pour vérifier que vous avez bien compris son sens. après avoir écouté sa lecture sans regarder l'image pour ne pas être influencée par elle. (cela évitera les croyances et les projections).

**Cherchez et trouvez le sens global de la question :**
- Pourquoi me pose-t-on ce type de questions ?
- Souhaite-t-on vérifier que je connais mon code ?
- Que je sais appliquer les règles ?
- Que je prends conscience de dangers graves ?
- Veut-on attirer mon attention sur un point important ?

**Entraînez-vous à une observation méthodique :**
- Prenez le temps d'analyser complètement la situation dont il est question pour ne pas passer à côté de la bonne réponse
- Repérez d'abord les indices formels (c'est-à-dire la signalisation), puis l'endroit où vous circulez (agglo, hors agglo). Pour finir observez le type de route sur lequel vous conduisez en vous remémorant les règles qui y sont associées (placement + vitesse).
- Posez-vous la question de ce que vous êtes en train de faire dans la situation (changer de voie, tourner, dépasser, effectuer un croisement difficile, sortir d'un stationnement...).
- Puis analysez les indices informels : si vous circulez de jour ou de nuit, les conditions météo, les usagers présents, les dangers éventuels...

**Dernière étape :**

• Vérifiez le nombre de réponses à donner selon la forme des questions et des réponses (minimum/maximum)

• Vérifiez les réponses que vous avez choisies et mémorisez-les au fur et à mesure (exemple : pour cette diapo, je garde les réponses A puis la réponse C. Mes réponses sont donc A et C.

• Vérifiez que vous avez coché les réponses que vous aviez choisies et non d'autres par inadvertance. La mémorisation des réponses choisies vous aidera à ne plus répéter ce type d'erreur.

• S'il vous reste du temps, relisez à nouveau la question et les réponses, pour vérifier que vous avez coché les réponses que vous avez choisies.

Au début de cet entraînement, vous allez sans nul doute dépasser le temps imparti. Acceptez cette étape intermédiaire et choisissez le mode pédagogique sur votre accès pour l'appliquer. J'ai vu trop de personnes être en difficulté à cause de la pression du temps, et perdre un temps infini dans leur entraînement. Acceptez de lâcher prise sous peine de ne pas pouvoir régler cette problématique. Car au fur et à mesure que vous vous entraînez de cette manière, vous allez gagner en rapidité. Vous vous donnerez toutes les chances de cocher les bonnes réponses et valoriserez ainsi tout ce que vous avez appris.

**Car la précipitation, c'est tout, sauf la rapidité ou le dynamisme.**

## 5.4 Impact de l'exigence sur le parcours code

Vous êtes de type exigeant :

*1.La manière de gérer votre parcours code*

- Vous avez appris votre livre de code par cœur. C'est sûr ! Et pourtant cela ne vous permet pas de diminuer le nombre de fautes dans vos séries.
- Dans les séries on retrouve deux types de diapositives : les questions écrites où pour répondre, il suffit de restituer ce que l'on connaît, ce qu'on a appris. Puis on a les questions avec une situation donnée, où il faut prendre l'habitude d'appliquer un raisonnement adapté pour identifier la ou les bonnes réponses. Connaître son livre de code par cœur, ne suffira pas pour développer une logique correspondant à chaque thème ou à chaque type de question. Et c'est pour cette raison, que malgré tout le travail que vous avez déjà accompli, vous n'arrivez pas à faire baisser le nombre de vos fautes. Il vous faut donc développer un nouvel apprentissage pour progresser :Celui qui consiste à appliquer ce que vous connaissez et à mettre en place une logique adaptée aux questions. Pour cela, il vous faudra vous extraire de la théorie que vous maîtrisez et vous appuyer sur votre logique personnelle. Or votre point faible vous empêche naturellement de lui faire confiance et fait naître nombre de doutes qui limitent votre capacité à analyser, à évaluer, à estimer…

*2.La manière de vous comporter en séances code*

Ce n'est pas la manière dont vous vous adressez au formateur qui posera un problème. Ce sont tous les jugements que vous vous attribuez, avant qu'il ait pu vous proposer une explication, qui vont sans doute le déconcerter. Il va sans doute vous inviter à dédramatiser les fautes que vous venez de faire ! Vous et lui ne vous entendez pas lorsque vous parlez. Vous vous jugez tellement ! Vous restez sur l'idée que « vous avez faux » et sur le résultat qui ne vous convient pas alors que lui vous explique comment agir et apprendre. Deux discours, deux mondes… Vous risquez de perdre beaucoup de temps dans votre parcours qui ne progressera que lorsque… vous aurez lâché cette attitude qui ne récompense pas votre investissement.

*3.La manière de répondre aux questions*

Vous risquez, surtout dans les débuts de votre entraînement d'être en retard pour cocher vos choix, non pas parce que vous ne connaissez pas les réponses, mais parce que vous n'acceptez pas de vous tromper. L'hésitation pour répondre, n'est ici que la conclusion à une stratégie qui consiste à impérativement à avoir raison et à réussir à tout prix, alors que vous débutez un nouvel apprentissage. Considérez, dès à présent, les « erreurs » comme le moyen de vous entraîner et vous progresserez.

**Entraînez-vous à faire des séries, de la manière suivante :**

Apprenez-votre livre de code par cœur, si vous avez du temps à perdre. Le lire plusieurs fois et de la manière proposée dans la méthodologie ci-après sera certainement bien plus efficace…

- Puis, sur séries, entraînez-vous à reconnaître le type de questions proposée :

• Quel thème est traité dans cette question ?

• Est-ce que j'ai à faire à une question écrite (dans ce cas, l'image ne m'aidera pas forcément à répondre à la question et je ne perds pas de temps à la regarder (de peur de ne pas en faire assez), ou est-ce que c'est une situation que je dois analyser ?

- Prenez le temps de réfléchir dans les questions avec une situation, comme si vous y étiez…

- Cochez vos réponses dès que vous les avez repérées et ne vous autorisez pas à modifier vos choix. Faites confiance à votre instinct, car votre réflexion peut être très rapide et vous guider vers les meilleurs choix.

- Vérifiez les réponses que vous avez choisies et mémorisez-les au fur et à mesure que vous repérez les lettres que vous retenez (exemple : pour cette diapo, je garde les réponses A puis la réponse C. Mes réponses sont donc A et C. Cela renforcera vos premiers choix qui sont souvent les bons.

- Ne modifiez surtout pas vos réponses au dernier moment ! C'est très fréquent, chez les personnes qui ont le point faible de l'exigence.

- Entraînez-vous avec méthode. D'abord, avancer de manière cadrée vous correspond et vous rassure, ensuite cela vous permettra de ne pas être assailli(e) de doutes qui parasiteront, sans nul doute, votre réflexion ainsi que le choix de vos réponses.

**J'ai un jeu à vous proposer.**

Faites une série avec des amis, en plaçant comme gagnant…celui qui aura fait le plus de fautes. Vous avez perdu ? Riez un bon coup, vous aurez gagné le prix d'une thérapie !

### 5.5 Impact de l'incrédulité sur le parcours code

Vous êtes de type incrédule :

*1.La manière de gérer votre parcours code*

- Ne cherchez pas ! Vous avancez, pour l'instant, au gré de la gestion de votre état émotionnel ou des situations que vous rencontrez, c'est-à-dire sans planification préalable.

- Sois-vous allez fournir un effort considérable et souvent inutile tant il est exagéré, soit vous allez entrer dans une période où vous ne croirez plus en vous et où vous allez tout laisser de côté. Dans ces conditions, il va vous être très difficile de progresser. Car c'est la régularité qui conditionne votre capacité à réussir.

- En effet, une des conditions sinequanum pour progresser se situe dans cette qualité ou capacité :« ni trop, ni trop peu, mais tout le temps !»

- Voici la devise qu'il vous faudrait conserver en leitmotiv, pour obtenir un résultat qui récompensera tous les efforts que vous avez engagés.

## 2. La manière de vous comporter en séances code

- Là, c'est avant de commencer la série qu'on vous entend le plus. Je vous cite : « je vais encore faire plein de fautes, de toutes les façons, je n'y arrive jamais, et de toutes les façons, je n'aurai jamais mon examen !!! » Est-ce que j'ai bien retranscrit votre pensée ?

- Beaucoup de perte de temps pour tout le monde, à force de palabres qui n'ont pas leur place en séances de code. Vous ne donnez pas de valeur au temps que vous employez dans les séances à l'auto-école, ni au temps engagé par l'enseignant ? A quoi cela sert-il alors ? Modifiez vos impressions subjectives et récompensez tous vos efforts en restant appliqué, concentré, positif vis-à-vis de vous-même et neutre par rapport aux questions !

## 3. La manière de traiter les questions

• Les incrédules sont souvent très imaginatifs. Ils expriment souvent leur sentiment sur la question qui leur est posée. Ils donnent leur avis. Dommage, on n'est pas là pour ça. Bref, ils perdent beaucoup de temps. Ce n'est pas que leur opinion soit inintéressante, loin de là ! C'est que ce n'est pas l'objectif d'une série code !

- Vous modifiez donc très souvent l'interprétation de la question ou de la situation. Vous vous perdez souvent dans les détails. Normal, vous aimez la difficulté et l'échec. On vous y a tellement habitué(e) !

**Entraînez-vous à faire des séries, de la manière suivante :**

• Apprenez votre code de la route. Ne faites pas l'impasse de la lecture du livre de code. Au besoin faites une synthèse de chaque thème. Vous excellez dans ce type d'exercice.

**- Pour répondre aux questions :**

• Soyez le plus neutre possible. N'exprimez plus votre point de vue sur le réalisme ou le bien fondé de la question. Chassez toutes les pensées qui vous invitent aux palabres.

• Lisez attentivement les questions

• Trouvez le thème dont traite la question

• Identifier le nombre de réponses à donner

• Prenez le temps de correctement analyser l'image, indice par indice

• Placez-vous au maximum dans la situation en imaginant que vous êtes en train de conduire. Vous pourrez ainsi vous appuyer sur votre capacité à vous « débrouiller », ce qui est une de vos qualité première.

• Mémorisez les réponses que vous souhaitez donner. Vérifiez que vous n'en avez pas cochées d'autres pour vous jouer un mauvais tour.

• Accueillez les explications de bonne grâce. Vous ne changerez pas le code de la route et ce qu'il vous transmet. Même si sur ce sujet, nous sommes tous d'accord avec vous, ce nouveau code est rempli de considérations ou de jugements de valeurs pas très utiles pour apprendre à conduire.

• Félicitez-vous à chaque résultat qui témoigne d'une diminution de votre nombre de fautes.

Autorisez-vous à réussir. Car vous en valez la peine.

## 5.6 Renforcer vos progressions grâce à votre point fort.

**Comment modifier votre façon d'être et d'agir dans votre apprentissage code ?** (Cette proposition est valide pour tous les types de point faible).

1. Reconnaissez votre habitude de fonctionnement, selon votre type de point faible lorsque vous vous entraînez sur séries. (Lorsque vous avez agi instinctivement d'une manière qui vous dessert).

2. Exercez cette vigilance de manière constante, pour détecter la présence de vos points faibles :(par exemple, vous avez coché d'autres lettres que celles que vous aviez choisies, ou vous avez répondu trop précipitamment, ou vous avez tellement hésité que vous avez dépassé le temps imparti…)

3. Ce travail va vous emmener dans des phases successives. D'abord, vous constaterez que :

- Vous venez d'agir indépendamment de votre volonté sous l'emprise du point faible (passé).

- Puis vous vous verrez agir, au moment où le stress entraîne la présence de comportements dus aux points faibles (présent).

- Enfin, c'est avant que vos points faibles n'interviennent que vous constaterez leur présence (futur).

Vous allez ainsi, de plus en plus rapidement, identifier quand ils se manifestent. Le simple fait d'identifier la présence de vos points faibles avant qu'ils ne dévient votre action est un progrès et un bond en avant.

4. Inventez-vous une phrase très active et positive, englobant votre point fort. Par exemple :« grâce à mon point fort l'ambition de réussir, j'obtiens des explications dès que j'en ai besoin et je me prépare à obtenir mon examen de code ». Pensez à cette phrase pendant que vous vous entraînez, dès que vous vous sentez en situation de stress, d'incertitude, de tension...

5. Réalisez cet entraînement de manière simultanée avec :

a. L'entraînement spécifique par type de point faible

b. Avec les conseils clés pour progresser dans votre parcours code.

**J'écris ici la phrase que j'ai créée :**

**Grâce à mon point fort, je ...**

## 5.7 Une trame pour progresser vite et bien dans le parcours code

*1.Gérer son parcours code*

Pour progresser rapidement, procédez de la manière suivante :

### Découvrir ce qu'on doit apprendre

(1ère lecture rapide du livre de code), analyser le sommaire du livre. (le connaître par cœur serait un plus).

### Étudier chaque thème séparément.

Je vous conseille cet ordre :
**Thèmes questions avec analyse d'une situation :**
- La circulation routière
- La route
- Les autres usagers

**Thèmes questions mixtes (analyse d'une situation et questions écrites) :**
- La mécanique
- Prendre et quitter son véhicule
- La sécurité du passager et du véhicule

**Thèmes questions écrites :**
- Premiers secours
- L'environnement/l'écologie
- Le conducteur
- Les notions diverses

**Démarche d'étude de chaque thème :**
• Vous lisez le thème.
• Vous repérez et cherchez le sens des mots difficiles.
• Vous réalisez un résumé des points importants du thème.
• Vous vous entraînez sur les séries thématique correspondantes.
• Vous relisez votre livre de code pour le sujet sur lequel vous avez commis des fautes dans la série.

## Entrainement sur séries

Lorsque vous faites entre **1 et 2 fautes maxi** par thème, vous attaquez les **séries 40 questions.** (Pas avant, sinon tout le travail réalisé ne sert à rien !)
• Vous choisissez les séries 40 questions classiques (hors séries examens blancs).
• Vous relisez le livre de code et/ou refaites une série à thème si vous faites trop de fautes sur un sujet précis. (C'est à ce moment-là que vous pourriez demander un conseil ou une explication à votre enseignant, parce que vous n'y arrivez pas tout(e) seul(e)).

## Préparation à l'examen

Lorsque vous réalisez des séries régulièrement avec moins de 5 fautes, vous vous entraînez sur les séries dites « **examens blancs** ».

- Vous réalisez cet entraînement en alternant entre séries et révisions de vos notes.
- Vous cherchez le sens de mots nouveaux que vous n'aviez pas rencontrés auparavant.
- Les séries examens blancs portent sur les dernières questions rencontrées en examen ou estimées comme les plus difficiles.
- Vous réalisez ces séries dans les conditions de l'examen (pas d'interruption, respect du temps – 20 secondes par question -, entraînement à la concentration, silence et calme pour le cadre).
- Votre date d'examen doit être fixée avant d'attaquer cette dernière phase qui peut durer entre une semaine et quinze jours.

Ce travail vous paraît ardu ? Et tout le temps inutile passé à apprendre, s'entraîner dans le désordre ? Ne vaut-il mieux pas dépenser de l'énergie et du temps pour un résultat ?

Cette méthodologie amène forcément à la réussite, quel que soit le temps que vous mettiez à franchir chaque étape, dans le respect de qui vous êtes, de vos capacités, et en ayant planifié votre parcours. Et ce quelle que soit votre disponibilité, pourvu que vous soyez réguliers et tenaces.

**Agir avec méthode, permet de limiter la présence des points faibles.**

# VI) Rebondir dans son parcours conduite

## 6.1 Les points faibles alourdissent le parcours conduite

Vous ne cessez de « pester » contre des leçons de conduite supplémentaires, qui s'ajoutent à votre parcours initial. Ne vous défendez pas, vous savez bien que c'est le sujet principal de vos conversations, quand vous êtes inscrit(e)en auto-école !

Pourquoi **cette situation se produit-elle très fréquemment ?**

**Deux raisons principales :**

- La première étant que vous laissez souvent la maîtrise de votre parcours à d'autres que vous (vos peurs vous rendent très influençables).

- La deuxième raison étant que votre point faible vous empêche de développer la capacité à vous autoévaluer, sans vous juger. Souvent par méconnaissance des objectifs à atteindre dans votre progression et des enjeux de l'examen. Normal, vous n'avez posé aucune question !

Je me demande comment vous faites pour apprendre à conduire en ne sachant pas ce que ça veut dire conduire. Montrez un peu d'intérêt pour votre parcours ! Il vous le rendra au centuple.

> **Combien d'entre vous oubliez en fin de leçon, les petites notes ou les croquis qu'on a écrit pour vous ? (70%)**
>
> **Combien d'entre vous osez poser de questions à votre enseignant ? (25%)**
>
> **Combien d'entre vous avez lu votre livret d'apprentissage ? (20%)**
>
> **Combien d'entre vous avez posé de questions sur l'examen pendant votre parcours ? (5%).**
>
> **On dirait que parler du permis est tabou. Vous êtes pourtant là pour ça, non ?**
>
> **Car c'est bien l'examen qui va vous permettre de conduire légalement sur la route !**

On dirait que dès lors que vous vous installez dans la voiture pour votre leçon, vous perdez toute capacité à dialoguer, toute logique personnelle. Je vous vois vous placer instinctivement et immédiatement en situation d'infériorité subjective. Redevenir un petit enfant. Alors qu'il est facile de percevoir que vous savez, dans toutes les autres situations, gérer votre vie, comme vous l'entendez. Mais pourquoi vous enfermez-vous dans ce rôle ?

Après tout, qu'est-ce qu'un moniteur auto-école ? Une personne qui a obtenu son permis et qui conduit tous les jours. Un professionnel qui a réalisé une formation pour transmettre ce qu'on lui a appris.

Ni plus, ni moins !

Votre attitude laisse ainsi le champs libre aux stratégies de vos points faibles qui ne manquent certes pas ce rendez-vous. Et si vous changiez la donne ?

## 6.2 Impact de l'effacement sur le parcours conduite

Vous êtes de type effacé :

*1.La manière de vous comporter avec votre enseignant*

Vous êtes « l'élève idéal » que beaucoup d'enseignants rêvent de rencontrer. Discret(e), sérieux(se), appliqué(e)…Oui, jusqu'à ce qu'on commence à s'ennuyer et à se désintéresser de vos besoins que vous n'exprimez pas ou peu souvent… Montrez-nous qui vous êtes, cela va certainement nous intéresser ! On n'est pas obligé de s'ennuyer dans son travail !

*2.La manière de gérer votre parcours conduite*

- Vous avez du mal à demander un planning complet de vos leçons de conduite. Cela risque de vous amener à perdre du temps et de l'argent, s'il y trop d'espace entre chaque rendez-vous.
- Vous avez du mal à exprimer vos difficultés, à demander de l'aide, notamment si vous ne vous sentez pas sécurisé par votre enseignant.
- Vous n'exprimez pas vos attentes concernant l'échéance de l'examen.

**Cette attitude comporte plusieurs risques :**
- Votre enseignant ne sait pas comment vous aider à progresser, puisque vous ne demandez jamais rien. Il est difficile dans ces conditions de « deviner » ce

qu'il vous manque, ou ce que vous n'avez pas compris, ou de quoi vous avez besoin pour avancer.

- Apprendre à conduire demande de communiquer, cette capacité risque de ne pas être assez développée et de vous faire défaut. Car conduire, c'est entrer en relation avec les autres.

- Votre formateur peut croire qu'apprendre à conduire ne vous intéresse pas et limiter son implication.

- Il peut s'établir une évaluation déformée de toutes vos potentialités. Car déployer la stratégie de l'effacement, consiste aussi à masquer toutes vos qualités et capacités.

- Vous risquez d'être « oublié(e) » au moment de positionner les candidats à l'examen de conduite.

### 3.Les difficultés dans la conduite

- Votre point faible vous empêche de réaliser toutes les actions où vous devez prendre votre place sur la route.

- Lorsqu'il s'agit de faire une manœuvre, vous allez paniquer si des usagers attendent que vous l'ayez finie. Vous risquez ainsi de perdre une bonne partie de votre concentration et de ne pas pouvoir vous entraîner dans les bonnes conditions. Vous vous figez souvent, à l'approche d'un véhicule, ne sachant pas comment le gérer et si vous devez continuer la manœuvre ou non.

- Lorsqu'il s'agit de changer de voie, s'il y a du monde autour de vous, vous hésitez énormément, parce que d'autres usagers arrivent derrière vous… Parfois, à un tel point, qu'il est trop tard pour réaliser votre action.

- Dès qu'un usager a un comportement qui vous inquiète, vous n'hésitez pas à vous arrêter « au cas où… » en prenant par surprise les véhicules derrière vous, qui ne comprennent pas grand-chose à vos choix…et n'en sont pas forcément très joyeux !

- Dès que vous arrivez à un carrefour à sens giratoire…C'est la panique et vous effectuez vos actions dans le désordre…et sous la contrainte. Ce type de croisement est la bête noire de votre parcours conduite.

- Le cédez le passage ? Vous ne savez pas ce que c'est. Par crainte que quelqu'un arrive, il vaut mieux s'arrêter n'est-ce pas ? Oui, mais on n'agit pas pareil pour un cédez le passage que pour un stop, alors comment l'inspecteur va-t-il savoir si vous avez bien acquis ces différents comportements, le jour de l'examen ?

- Vous n'arrivez pas à vous décider à vous insérer dans une nouvelle route après un cédez le passage ou un stop…et finissez par le faire, à un moment où cela est dangereux car vous avez conscience que vous êtes restés trop de temps à attendre.

- Vous hésitez régulièrement s à dépasser un obstacle sur votre voie, ou un cycliste.

- Vous craignez de ne pas avoir assez de place quand vous croisez un véhicule sur une route étroite. Cela débouche fréquemment sur le fait de mordre dangereusement sur le bas-côté. Apprenez à reconnaître les différentes types de route, leur largeur et à estimer votre place sur la chaussée.

**Humm. Pas bon ! Heures supplémentaires de conduite en perspective.**

### Comment modifier ces comportements ?

1 Prenez votre place dans la relation avec votre enseignant. Collaborez, mais ne subissez pas. Dans vos leçons de conduire, questionnez, interrogez. Les enseignants sont là pour ça. Plus vous communiquerez avec eux, plus vous vous ouvrirez et maîtriserez votre parcours. Prendre sa place ne veut pas dire prendre celle des autres. Vous ne risquez rien et l'autre non plus !

2 N'acceptez les « brimades », les « réprimandes » et autres consœurs. Il y en a déjà eu suffisamment dans votre parcours de vie. Demandez qu'on vous explique clairement, ce qu'on attend de vous, ce que vous devez comprendre, ce que vous devez savoir restituer comme opérations ou comme objectifs. Demandez une évaluation objective et non pas un « chapelet de reproches » en fin de leçon de conduite.

3 Exprimez votre besoin d'un accompagnement qui s'inscrit dans la bienveillance, et d'un soutien de votre formateur pour vous affirmer.

4 Appuyez-vous sur les règles applicables aux situations que vous rencontrez, car je suis sûre que vous les connaissez parfaitement. Elles vont vous rassurer et ainsi donner de la consistance à votre conduite.

5 Fixez-vous une échéance pour votre date d'examen. Ne laissez pas votre parcours s'étendre. Pour atteindre cet objectif, budgétez-le à l'avance en prévoyant quelques heures supplémentaires le cas échéant, dès le début de votre formation et assurez-vous de pouvoir assumer son coût global. Cela évitera qu'il ne se prolonge indéfiniment et permettra que vous puissiez acquérir de l'assurance pour affirmer votre volonté d'un parcours rapide.

### Comment avancer avec votre point fort ?

1 Continuez les exercices déjà décrits pour le parcours code.

2 Appliquez-les dès lors que vous vous retrouvez une situation d'apprentissage où vous reconnaissez l'intervention de votre ou vos points faibles. (Présence du stress)

3 Prenez le temps de vous recentrer et de recueillir le plus objectivement possible les informations transmises par la situation qui vous déstabilise, afin de pouvoir évaluer comment vous pouvez rebondir.

4 La maîtrise du point faible doit être réglée avant de vous présenter à l'examen de conduite.

### Réfléchissez aux points de vue suivants :

1 Si vous craignez de déranger les autres, vous allez mélanger l'ordre des actions que vous devez faire…et vous allez focaliser leur attention sur vous au détriment de la sécurité de tous.

2 Plus on craint de déranger les autres, plus on est paralysé dans ses actions et bloqué dans une situation…qui finit par perturber tout le monde.

3 En ne voulant pas déranger les autres et en leur donnant trop d'importance, on finit par atteindre le résultat inverse à celui qu'on voulait atteindre

4 Si on ne veut pas déranger les autres, alors on se centre sur soi et sur ce qu'on a à faire. Du coup, on le fait bien… on atteint le résultat souhaité et on n'interfère pas sur les choix de conduite des autres usagers.

**6.3 Impact de la précipitation sur le parcours conduite**

Vous êtes de type précipité :

*1.La manière de vous comporter avec votre enseignant*

- Vous êtes le plus « gentil » de tous les types d'élèves. Quoique dise votre enseignant, il aura raison ! Cette réaction toute prête à laquelle vous êtes habituée signe la présence de votre point faible : la précipitation.

*2.La manière de gérer votre parcours conduite*

- Vous avez du mal à trouver du temps libre pour pouvoir mettre en place un planning régulier et source de progression. Normal, vous avez très peu de disponibilité au vu de la logique de votre point faible.

Résultat, votre parcours oscille entre des périodes où vous avez pris de nombreux rendez-vous sur un laps de temps très court et des périodes où vous n'avez plus de leçons de conduite, vous empêchant ainsi une progression provoquée par la régularité. Cette «dynamique» risque de vous coûter fort cher.

- Vous mélangez les objectifs à atteindre, n'en avez pas une vision globale découpée en étapes. Cela complexifie votre formation. Lire votre livret d'apprentissage permettrait de répondre en partie à cette difficulté.

- Vous êtes pressée de terminer votre parcours, mais l'issue de votre formation crée un véritable stress, ce qui vous place dans une attitude paradoxale.

- Vous pouvez développer des angoisses très fortes sur tous les objectifs à atteindre, ce qui parasite l'ensemble de votre parcours.

- Si vous êtes accompagné(e) par plusieurs enseignants, vous risquez de vous perdre totalement, à force de chercher à «faire plaisir» à chacun d'entre eux, surtout si leurs consignes sont apparemment différentes.

### 3. Les difficultés dans la conduite

Votre point faible vous fait faire dix choses à la fois, alors qu'en conduite, on réalise les actions, les unes après les autres.

- Le rétrogradage est une action qui vous est particulièrement difficile à maîtriser avec la synchronisation des gestes à effectuer simultanément et dans l'ordre.

- Votre difficulté principale consiste à assurer la maîtrise du véhicule dans le même temps que vous devez gérer des situations de conduite.

- Vous avez du mal à gérer la pression sur votre pédale de frein. Cela a pour effet de vous faire arriver trop vite dans les situations complexes et de ne pas arriver à les anticiper

- Vous avez globalement du mal à vous donner du temps, lorsque vous devez réaliser un nouvel exercice ou développer une nouvelle capacité.

- Apprendre à conduire vous place en difficulté par le fait que vous êtes au centre de cette formation sans échappatoire possible.

- Ordonner votre regard est une capacité à développer car la précipitation et la circulation conjugués vous empêchent de déployer cette compétence.

**Humm. Pas bon! Heures supplémentaires de conduite en perspective.**

### Comment modifier ces comportements?

1 Lisez attentivement votre livret de conduite pour savoir comment votre parcours est construit. Cela vous rassurera.

2 Distinguez dans votre apprentissage, ce qui est de l'ordre du savoir, savoir-faire, savoir-être. Cela vous permettra d'éviter les confusions et le désordre qui sont vos plus grands ennemis.

3 Concentrez-vous sur ce que vous avez à apprendre, une chose à la fois.

4 Attendez la fin de l'explication qui vous est donnée avant de commencer à agir, ce sera plus simple pour vous !

5 « Posez des mots » sur ce qui vous angoisse en conduite et qui vous emmène à réagir sous l'emprise de votre point faible. Cela vous permettra de relâcher de nombreuses tensions.

6 Respirer profondément pendant quelques secondes est une aide pour échapper à la précipitation.

7 Appliquez-vous à vous recentrer sur vous, sur les règles que vous connaissez et sur ce que vous avez à faire, dans les situations qui vous stressent.

8 Arrangez-vous pour prendre vos premières heures de conduite à des moments de la journée où la circulation est fluide. (10h00, 13h00 jusqu'à 16h00). Évitez de conduire les vendredis.

9 Ne dépassez pas trois heures de conduite par semaine tant que vous n'avez pas atteint la compétence 3.

**Demandez à votre enseignant qu'il :**

• Vous « ralentisse » quand il sent que vous êtes stressé(e).

• Vous détaille chaque point que vous avez à apprendre.

• Vous entraîne sur un objectif après qu'il vous a fait le détail de cette action, point par point… N'hésitez pas à prendre des notes, s'il y a des informations à connaître par cœur pour aider l'acquisition de comportements.

• Vous emmène sur piste ou hors circulation, pour pouvoir vous concentrer sur la manipulation du véhicule dans les premières leçons. (Le fait de combiner cet apprentissage en même temps que la gestion de la circulation peut engendrer un stress très important qui nuira à votre capacité à ordonner vos gestes. Ce facteur risque de vous obliger à consacrer de nombreuses heures à cette première partie de votre apprentissage pratique).

### Comment avancer avec votre point fort ?

1 Continuez les exercices déjà décrits pour le code. Si besoin est, construisez une nouvelle phrase axée sur les résultats que vous attendez pour votre parcours conduite.

2 Prenez le temps de réfléchir au point de vue suivant :

S'entraîner lors du parcours conduite, sur la gestion de votre point faible la précipitation, est dans votre cas, une véritable préparation à l'examen. Car stress et précipitation sont deux compères que l'on ne rencontre que trop fréquemment, le jour J et qui risquent de vous conduire inutilement à l'échec. « Cet empêchement à réussir » ne réjouira personne : ni vous, ni votre enseignant, ni l'inspecteur.

## 6.4 Impact de l'exigence sur le parcours conduite

Vous êtes de type exigeant :

### *1.La manière de vous comporter avec votre enseignant*

- Vous n'êtes typiquement pas l'élève le plus agréable ou avec lequel on se réjouit de partager un temps d'apprentissage conduite. Car après tout nous sommes humains. Nous pouvons arriver quelques fois, un peu en retard, nous pouvons être plus ou moins en forme ou fatigué…Bref, tout comme vous, nous subissons la pression du quotidien. Or, on voit bien que vous ne laisserez passer que difficilement, nos petites imperfections…

- Votre attitude sous l'emprise de votre point faible n'engage donc pas à la détente et au partage. Notre bourreau personnel ne manquant déjà pas la triste occasion de nous rappeler à l'ordre. Pas besoin que quelqu'un nous juge en plus, alors que notre travail est pédagogique.

- Cette posture n'induit donc pas spontanément un cadre collaboratif !

- N'oublions pas la secrétaire qui peut « en prendre pour son grade », si le moindre grain de sable, vient contrarier votre sens de l'organisation et de la planification.

### *2.La manière de gérer votre parcours conduite*

- La mécanique est bien huilée. Vous avez tout prévu, sauf l'inattendu. C'est-à-dire la manière dont vous allez progresser, et les conditions de déroulement de votre parcours. Par exemple, vous pouvez être malade et manquer des leçons. Ou vous avez tellement d'engagements, que l'un deux peut contrecarrer votre parcours et remettre en cause toute votre organisation. La vie est très forte pour déjouer tous nos plans, quand nous avons besoin d'une bonne remise en cause !

- Difficile pour vous de faire face avec distanciation à toutes les contrariétés que vous n'aviez pas envisagées. Un parcours permis est difficilement linéaire. Il serait bien que vous l'acceptiez.

### 3. Les difficultés dans la conduite

- En général, vous ne rencontrez aucune difficulté en ce qui concerne la gestion du véhicule. Parce que dans cette étape, on se situe dans le tangible, alors vous excellez à utiliser la gestion d'un concret qui vous sied si bien. Vous vous agacez bien un peu de temps en temps, parce que vous considérez que les explications sont trop longues ou que vous ne gérez pas votre embrayage que vous le souhaiteriez. Mais, bon gré, mal gré, « tout se déroule comme sur des roulettes ».

- Les problèmes vont commencer à se manifester lorsque vous entamerez la deuxième compétence. Car ordonner le regard est une action beaucoup moins concrète pour vous. Et ce même si vous connaissez votre signalisation et les règles de circulation et de priorité…par cœur. Vous avez du mal à structurer votre pensée et à émettre des hypothèses réalistes et concrètes qui vous permettraient de répondre aux situations que vous rencontrez. Parce que la circulation, ce n'est guère prévisible. Cela vous place face à la difficulté principale et à des peurs que génère votre point faible l'exigence, dès qu'il s'agit d'un sujet non maîtrisable.

- Pour agir « raisonnablement » sur la route, il faut prendre le temps d'analyser ce qu'on a observé. Accepter les délais n'étant pas votre qualité première, vous risquez de trouver cet exercice fort difficile. Évaluer, analyser et mettre en place un raisonnement logique, dans un contexte que vous ne maîtrisez pas ne vous aide pas à développer, la patience, la distance nécessaire avant de passer à l'action, car tout cela vous fragilise naturellement.

- Votre point faible présente en outre un risque immédiat : celui d'être dans le passé alors qu'en conduite, il faut toujours être dans l'instant présent. Vous ruminez encore sur l'erreur que vous venez de faire quel que soit votre niveau et n'êtes pas attentif ou attentive à un nouveau danger. Vous vous retrouvez ainsi, très souvent, en décalage avec les situations que vous rencontrez.

- Vous vous jugez constamment sur votre manière de conduire. Ceci empêche de vous concentrer sur l'observation et l'analyse des situations rencontrées. Vous entrez ainsi dans une logique où vous êtes souvent ailleurs que dans la réalité du moment.

**Humm. Pas bon ! Heures supplémentaires de conduite en perspective.**

**Comment modifier ces comportements ?**

1 Pour réussir, prenez le temps de savourer ce temps d'apprentissage. Au lieu de placer votre tête dans l'avenir, mettez votre cœur à chaque leçon.

2 Considérez que vous et votre enseignant formez une équipe pour le même objectif : que vous conduisiez en sécurité et obteniez votre permis.

3 Habituez-vous à estimer si vous pouvez faire confiance à votre instructeur et si c'est le cas, détendez-vous et prenez en compte ce qu'il vous propose.

4 A chaque objectif, à chaque étape, ne pensez pas : « je dois le réussir », mais plutôt « comment dois-je le faire » ?

5 A chaque fin de leçon réalisez une auto-évaluation de votre séance de conduite. Ne pensez pas global comme vous avez l'habitude de le faire : « c'était nul ! ». Notez ce qui est en progrès, ce qui est acquis, ce qu'il reste à travailler. Cette habitude vous permettra de sortir des jugements binaires : négatif/positif et d'y voir plus clair sur les objectifs à atteindre.

6 Oubliez-les : « je croyais que, je pensais que » ». Ils n'ont pas leur place sur la route. Observez que vous utilisez ces expressions dans des situations où vous vous êtes senti(e) en difficulté. Vous protéger est une telle habitude, que vous n'arrivez que rarement à vous détendre. Entraînez-vous à vous placer dans l'instant présent et dans l'objectivité. Vous constaterez de nombreux progrès.

**Comment avancer avec votre point fort ?**

Continuez les exercices déjà décrits pour le code. Si besoin est, construisez une nouvelle phrase axée sur votre point fort pour enrichir votre parcours conduite.

**Prenez le temps de réfléchir au point de vue suivant :**

Être exigeant peut s'avérer être une qualité ou un défaut selon l'usage qu'on en fait. Il peut être, comme nous l'avons vu, un point faible, mais il peut aussi être l'élan qui va vous porter dans la réalisation de votre vie. Voici un conseil : Lorsque l'exigence vous motive à entreprendre un projet, à réaliser un objectif, alors écoutez-là. Lorsqu'elle vous adresse un jugement ou une pensée négative sur vous ou sur ce que vous faites, bâillonnez immédiatement votre voix intérieure et reconnaissez-la comme la présence immédiate de votre point faible. Si vous vous entraînez à cette distinction, alors il vous sera facile de maîtriser les stratégies qui vous encombrent.

## 6.5 Impact de l'incrédulité sur le parcours conduite

Vous êtes de type incrédule :

*1. La manière de vous comporter avec votre enseignant*

- Evidemment, les rapports que vous entretenez avec l'auto-école ou votre enseignant ne sont pas simplifiés. On ne sait jamais si on pourra compter sur vous ! Alors pourquoi s'impliquer à vos côtés ?

- Au départ, la relation avec vous sera aisée, car vous êtes d'un naturel communicatif et ne manquez pas d'humour et d'un charme naturel. Mais comme « l'autre », n'est qu'un moyen de reproduire vos schémas habituels, cette «sympathie spontanée» qu'on vous accorde, risque d'être de courte durée.

- Il y a des chances que vous mettiez en place des situations peu clarifiées qui peuvent rapidement dégénérer en incompréhension. Elles risquent d'empêcher vos interlocuteurs de s'impliquer plus dans votre accompagnement.

- Si on ajoute à cela, le fait que lorsqu'un conflit se profile, vous qui êtes d'habitude si communicatif, risquez de vous enfermer dans le mutisme, alors un sentiment de malaise peut rapidement venir couper la relation avec les interlocuteurs de l'auto-école.

- Ou alors, vous adopterez le profil de la victime, dont vous avez l'impression qu'elle vous sied à merveille, alors qu'elle ne manquera pas dans la réalité, de desservir votre projet permis.

## 2.La manière de gérer votre parcours conduite

- Vous êtes là ? On va pouvoir avancer ! Combien d'heures de conduite avez-vous déjà, manqué, reporté ? Ce n'est pas que vous ne voulez pas votre permis. C'est que vous mettez tout en œuvre pour ne pas l'obtenir !

- Avez-vous pris le temps de réfléchir au coût total de votre parcours conduite ? Le «manque d'argent» peut être un problème si la réservation de leçons de conduite fluctue en fonction de votre capacité à les financer.

### *3.Les difficultés dans la conduite*

- En leçons de conduite, vous partez perdant, alors c'est difficile de progresser. Tout ce que vous développez comme énergie n'a pas pour objectif de réussir, mais de vous prouver que ce que vous pensez négativement de vous est la vérité :C'est-à-dire que vous n'êtes pas « assez bon(ne) ».

- Vous compliquez souvent les exercices à réaliser. Car vous avez du mal à apprendre avec ordre et méthode.

- A chaque fois que vous progressez, soit vous n'avez plus de leçon de conduite à suivre, soit vous vous organisez pour que la leçon de conduite suivante soit désastreuse.

- Vous avez du mal demandez un conseil, une information, une explication.

- Vous avez besoin d'être rassuré(e) dans tout ce que vous faites. Cette attitude vous empêche de vous évaluer et d'apprécier vos progrès. Elle ne vous permet pas non plus de développer l'autonomie.

- La première compétence est souvent la plus difficile pour vous. Vous créez de nombreuses peurs qui limitent vos gestes et la gestion de votre véhicule. Ce stress engendre des comportements inadaptés, une difficulté à maîtriser votre corps ou à lui permettre d'apprendre.

- La première compétence sera la plus longue et risque de générer de nombreuses heures de conduite.

**Humm. Pas bon! Heures supplémentaires de conduite en perspective.**

**Comment modifier ces comportements ?**

1 Habituez-vous à estimer si vous pouvez faire confiance à votre instructeur et si c'est le cas, servez-vous de sa certitude dans votre succès, pour vous faire confiance. Son métier ne consiste-t-il pas à sans cesse recommencer un parcours avec des débutants ?

2 Demandez qu'on vous répète autant de fois que nécessaire les objectifs à réaliser et le détail de leur déroulement et accrochez-vous à ces explications. Au besoin, notez-les.

3 Planifier un parcours et le respecter est une priorité pour vous protéger de votre point faible. Budgétez votre projet, trouvez des solutions pour installer la régularité dans votre parcours.

4 Demandez à effectuer la première compétence sur piste, ou sur circulation faible pour bien prendre le temps de comprendre le fonctionnement de votre véhicule et d'apprendre à le gérer.

5 Appliquez-vous à noter le déroulement des actions : démarrage, arrêt, rétrogradage, gestion de la boîte de vitesse, tenue du volant, contrôles… Lisez fréquemment ces notes pour aider votre corps à réaliser ces gestes, de manière précise, ordonnée et régulière car vous les aurez mémorisés.

6 Entraînez-vous, sur n'importe quel véhicule, à synchroniser les actions liées aux démarrage, arrêt, rétrogradage, montée des vitesses, contrôles et usage du clignotant, moteur coupé. Pas besoin que la voiture circule, pour vous entraîner à cette gestuelle. Vous gagnerez de nombreuses heures de conduite…

7 Lorsque ce premier cap sera franchi, vous verrez que les autres compétences seront plus faciles à

aborder, car elles correspondent mieux à vos capacités naturelles : observation développée, curiosité, capacité à gérer des situations difficiles, spontanéité…

**Comment avancer avec votre point fort ?**

① Appliquez les consignes points faibles du parcours code pour exprimer toutes les qualités qui vous composent. Prenez le temps d'apprivoiser cette méthode, la réussite de votre parcours permis de conduire en dépend.

② Réussir, qu'est-ce que cela veut dire dans le cas précis ? Simplement, respecter ses engagements, faire confiance aux professionnels qui vous accompagnent, vous appliquer dans vos leçons de conduite. Ni plus, ni moins. Si vous suivez ces consignes, votre parcours va forcément aller dans le sens que vous le souhaitez.

③ Ne perdez pas de vue vos objectifs et placez-les en priorité sur tout ce qui se joue d'habitude à l'intérieur de vous et dans votre vie. Vous qui êtes si habiles à prendre en compte et à aider les autres, agissez avec vous comme vous le feriez sans hésiter pour eux. Votre parcours se déroulera correctement si vous le construisez avec votre point fort.

④ Donnez le meilleur de vous-même dans les leçons de conduite et ne pensez à rien d'autre. Prenez du plaisir à apprendre à conduire pour éviter que votre mental ne tourne en boucle sous la coupe de vos points faibles.

**Prenez le temps de réfléchir aux points de vue suivants :**

La « peur de réussir », ou « l'angoisse de ne pas y arriver » sont les ferments de la mise en place d'attitudes, de comportements, d'actions qui desservent votre parcours permis.

En auto-école, quoiqu'on en dise, le facteur sympathie va énormément rentrer en ligne de compte dans le bon déroulement de votre parcours et dans le soutien de l'auto-école.

Alors ne cherchez pas à être quelqu'un d'autre. Soyez le plus naturel, le plus simple possible et osez exprimer vos difficultés ou vos peurs. Sans blablas, sans « cinéma ». Avancez en acceptant que l'on puisse vous apprécier et/ou vous estimer.

Je ne vous invite pas à cette démarche pour vous écrire de belles paroles. Je vous le propose, parce que vous n'avez pas d'autres solutions pour atteindre vos objectifs… en paix … Rappelez-vous, je connais bien ce point faible !

## 6.6 Des repères pour créer de nouvelles stratégies en leçons

*1.Qui apprend quoi, quand et comment ?*

Apprendre à conduire n'est pas linéaire. Ce parcours inclue des étapes qui sont toutes différentes les unes des autres. On les appelle les 4 compétences. Il est important pour progresser de manière cohérente, de différencier les objectifs qu'elles impliquent, ceci favorisant en outre, la capacité à s'autoévaluer.

*2.Un tour d'horizon sur le parcours conduite*

## Compétence 1

Vous effectuez, de manière ordonnée, une « gestuelle » qui vous permet de comprendre comment votre voiture fonctionne. Cet apprentissage passe par la découverte du véhicule, et la répétition des gestes réguliers pour produire des actions attendues.

Il s'effectuera dans les meilleures conditions sur parking ou piste ou soit dans une faible circulation.

C'est votre corps qui apprend. Vous l'entraînez à acquérir des habitudes de manipulation.

- Vous travaillez sur cette étape en correspondance avec le thème : la mécanique.

- La phrase : « Je ne comprends rien », n'est pas adaptée dans cette étape. Car ce n'est pas votre tête qui apprend, mais votre corps.

## Compétence 2

Cette deuxième étape est complètement différente de la 1ère compétence.

- Ici vous réactivez et appliquez les règles apprises pendant votre parcours code. Elles vous servent à circuler en sécurité, à croiser les autres dans différentes situations que vous avez déjà explorées « virtuellement ».

- Vous apprenez en outre, à une développer une logique vous permettant de recueillir toutes les informations utiles sur la route, à les analyser et à effectuer des choix d'action. Vous réactualisez notamment votre connaissance de la signalisation et vous entrainez à interagir avec elle.

- Enfin, vous gérez votre véhicule, pour répondre aux situations que vous rencontrez. Vous continuez ainsi à progresser sur la manipulation.

- Vous travaillez sur cette étape en correspondance avec le thème : la circulation routière.

- Vous alliez la théorie (les règles), avec l'observation et l'analyse de situations, et la gestion de votre véhicule.

## Compétence 3

S'entraîner à circuler dans des situations complexes et à partager l'espace avec les autres usagers

Cette 3ème étape active les mêmes capacités que la deuxième compétence. A plusieurs détails près :

- Vous circulez dans un environnement au flux rapide et dense, qui requiert, pour pouvoir vous déplacer en sécurité, une analyse plus complexe et un enchaînement rapide de vos gestes dans la gestion de votre véhicule. Vous vous entraînez à leur automatisation et pouvez donc libérer la concentration suffisante pour analyser des situations à risques : voies rapides, autoroute, actions de dépassement, rues étroites, zones à risques, circulation hors agglomération…

- Votre observation s'ouvre à l'analyse de situations où vous partagez l'espace de la route avec des usagers régis par des règles différentes des vôtres (zones de rencontre, zones à 30 km/h, zones piétonnes). Vous apprenez notamment à agir dans des situations à risques où vous devez protéger des usagers dits vulnérables (piétons, cyclistes, deux roues…). Vous apprenez ainsi à gérer l'espace et à trouver votre place en toutes situations.

- Vous travaillez sur cette étape en correspondance avec le thème : la route, les autres usagers.

- Vous alliez la théorie (les règles), avec l'observation et l'analyse de situations de plus en plus complexes, et la gestion de votre véhicule.

Les compétences 2 et 3 font appel à votre intelligence, votre sens de l'observation, votre capacité à émettre un raisonnement logique pour vous adapter, et à la gestion automatisé de gestes produits par votre corps.

## Compétence 4

Pratiquer une conduite autonome, sure et économique

Cette 4ème étape vous permet de revisiter tous les apprentissages précédents en y ajoutant la notion d'autonomie. C'est en cela qu'elle diffère fondamentalement des autres.

Car elle fait appel à l'intelligence de votre cœur. C'est-à-dire à votre choix d'utiliser tout ce que vous avez appris pour le mettre au service de la sécurité dans l'application de règles dont vous savez qu'elles servent ce premier but. Logiquement, à ce stade, votre enseignant va partager avec vous toute son expérience de conducteur. Vous allez aussi vous préparer à conduire dans les conditions de l'examen. Ce qui validera cette dernière étape de votre parcours de formation dans un apprentissage accompagné d'un instructeur.

### 6.7 S'entraîner à l'auto-évaluation

Si je vous ai décrit brièvement les objectifs de votre parcours conduite, c'est pour que vous puissiez vous appuyer sur des objectifs précis, afin d'avoir la capacité d'évaluer vos progressions.

Les stratégies déployées par vos points faibles, vous amènent à confondre l'outil puissant qu'est l'auto-évaluation avec l'habitude de se juger. Ce qui dessert votre capacité à progresser pour chaque objectif.

Ce ne sont pas les difficultés pour apprendre qui augmentent la durée ou la pénibilité d'un parcours conduite, mais bien le fait de ne pas savoir cerner les pistes à explorer, lorsque vous rencontrez une difficulté. Apprendre à faire c'est bien. Identifier comment on apprend et pourquoi on bute éventuellement sur un obstacle, facilite le fait de trouver des solutions pour soi et de rebondir.

La capacité à se distancier, dans la connaissance des objectifs à atteindre, est donc essentielle. C'est tout l'enjeu de l'évaluation et notamment de celle qu'on fait par soi-même : l'auto-évaluation.

*1.En effectuant une évaluation à la fin de chacune de vos leçons :*

« **L'effacé** » développera ainsi la capacité à être autonome, tout au long de son parcours conduite et ce dès les premières leçons. Car, quelle que soit la manière dont elle se soit déroulée, il aura ainsi une prise sur son parcours, car il se place au centre de celui-ci.

« **Le précipité** » apprendra à se distancier de l'action et à se donner un temps pour lui, à communiquer sur ses actes, sur ses émotions ou ses sentiments, sur son ressenti. Le fait de revisiter le déroulement de sa leçon lui permettra de donner de plus en plus d'importance à des temps intermédiaires dont il n'a pas l'habitude.

« **L'exigeant** » y trouvera de nombreux avantages, et ce d'autant plus qu'il récapitulera cette évaluation en début de leçon suivante pour être au clair sur les objectifs à atteindre. L'auto-évaluation sera primordiale pour plusieurs raisons. Il apprendra à :

- Distinguer ce qui a été correctement effectué, de ce qu'il reste à travailler.

- A ne plus mélanger, une difficulté naturelle à acquérir un nouvel apprentissage, d'un point précis déjà travaillé qui sera à améliorer.

- A extraire de ses leçons de conduite, les points positifs en relevant ses progressions.

- A estimer seul ses difficultés ou ses progrès.

« **L'incrédule** » aura un intérêt tout particulier à effectuer régulièrement ce type d'évaluation, à chaque début et fin de leçon pour identifier les objectifs à atteindre et se les rappeler. S'il arrive à réaliser cet exercice de manière neutre, sans être touché par des émotions négatives ou des jugements hâtifs, il s'entraînera ainsi à développer une analyse fine. Cela lui permettra d'être moins affecté par une difficulté, et de rebondir sans se charger de griefs inutiles.

**Le tableau ci-après vous présente une grille d'analyse de vos leçons de conduite.**

|  | Étape 1 | Étape 2 | Étape 3 | Étape 4 |
|---|---|---|---|---|
| L'entraînement du corps | x | x | x | La maîtrise |
| La connaissance des règles |  | x | x | L'utilisation spontanée de règles adaptées dans l'action |
| La capacité à observer une situation à l'analyser et à y répondre |  | x | x | L'anticipation |
| L'autonomie | x | x | x | x |
| La préparation à l'examen | x | x | x | x |

# VII) Réussir les examens théorique et pratique du permis

## 7.1 Les étapes du succès pour obtenir son examen de code

*1.Perdre tous ses moyens*

Je ne rentrerai pas ici dans le détail des comportements ou sentiments inappropriés lorsqu'il est question de se présenter à l'examen de code. Ceux-ci étant exacerbés par les stratégies des points faibles. Car vous en connaissez chaque note, telle une partition bien rodée.

Bien évidemment, **l'effacé** va perdre une grande partie de ses moyens car il va se retrouver en présence d'autres candidats et dans un environnement qu'il ne connaît pas.

**Le précipité** risque de se tromper dans les lettres qu'il coche, ou de ne pas répondre à une question et de se décaler car il est encore plus stressé par la notion du temps, qu'il sait écourté (20 sec au lieu de 30 ).Il lui arrive aussi de se présenter très à l'avance, ou à contrario au tout dernier moment. Ces deux options lui permettant de faire monter la pression. Ce qu'il sait particulièrement bien faire.

**L'exigeant** va perdre une bonne partie de ses moyens parce qu'il souhaiterait avoir le meilleur résultat, bien en deçà des 5 fautes autorisées. Il va ainsi développer énormément de stress en se fixant des objectifs inappropriées qui vont augmenter sa pression initiale.

**L'incrédule**…risque de ne même pas se présenter, tant il a peur…de réussir ou va s'obstiner à se mettre en échec, par mille détours dont il a le secret.

### 2.Accepter la présence de son point faible

Si vous vous êtes entraîné(e) dans les différentes étapes de votre parcours, (et peut-être aussi dans votre vie quotidienne), à vous distancier de vos points faibles en faisant entrer la présence et l'énergie de votre point fort dans votre quotidien, alors vous aurez progressé plus confortablement dans votre parcours. Vous serez aussi plus assurés de votre capacité à « vous faire du bien » et à réussir.

Le constat de vos progrès, ainsi qu'un apprentissage constant et régulier dans le code de la route vont favoriseront cette étape de transition, qu'est l'examen de code.

Quels que soit les derniers réflexes résiduels qui pourraient venir vous troubler à l'occasion de cette échéance, qui reste malgré tout « une épreuve », ne résistez pas, sous peine de leur accorder une importance exagérée.

Laissez les pensées s'agiter, comme si vous aviez à faire à une personne bavarde et un peu écervelée, et traitez « ce dialogue intérieur » avec humour et gentillesse. Personnellement, j'ai souvent l'habitude de parler à mon point faible, en lui disant :« ah tu es là ? Tu cherchais à te cacher ? Je t'ai reconnu ! Et si tu m'aidais à obtenir ce que je désire ? En général, ces pensées agitatrices, s'arrêtent bien vite d'elles-mêmes, sans que j'aie grand-chose d'autre à faire…

*3.Conseils de base pour se présenter dans les meilleures conditions*

## 1ère phase

• Vous entraîner préalablement la semaine ou les quinze jours précédents en appliquant les consignes pour cette étape clé. Au moins trois séries par jour, au moins trois heures par jour, en alternant avec la lecture du livre de code ou des notes que vous accumulées.

• Laissez tout cela de côté, la journée précédent l'épreuve.

• Bien sûr présentez-vous dans les meilleures conditions, en ayant eu soin de choisir une heure où vous êtes habituellement au top de vos capacités.

• Identifiez préalablement le lieu où vous devez vous rendre, le temps exact à prévoir pour ce déplacement, carte d'identité préparée à l'avance, et munissez-vous de votre convocation papier. Ces conseils sont autant d'atouts à ne pas négliger.

• Venez sur le lieu de l'examen à l'heure de présentation précisée dans votre convocation. Ni trop tôt, ni trop tard.

• «Chouchoutez-vous», prenez soin de votre apparence. C'est important pour vous-même!

• Répétez votre phrase point fort et en vous laissant pénétrer par elle, dès que vous ressentez du stress.

• Au centre d'examen, ne vous laissez pas emporter par une conversation qui pourrait vous disperser. Soyez concentré(e), ouvert(e), attentif/ve.

## 2ème phase

• Installez-vous confortablement à la place qui vous est désignée. Écoutez attentivement les consignes pour utiliser votre tablette.

• Réalisez votre série en estimant le nombre de questions pour lesquelles vous n'êtes pas sur(e) des choix que vous avez effectués, pour donner suite à l'entraînement que vous aurez préalablement effectué, dans vos dernières séries examens blancs, de la manière suivante :

• A chaque série que vous faites, notez sur une feuille, les numéros des questions où vous avez douté de vos réponses, et calculez le nombre total de fautes que vous estimez avoir faites. Comparez ce résultat à la réalité, lors de la correction de la série.

• Au départ il y a souvent un décalage. Soit, vous n'êtes pas conscient des fautes que vous faites, et dans ce cas, vous allez minorer leur quantité. Cela voudra dire qu'il vous faut impérativement réviser les thèmes correspondants. Soit, vous majorez la quantité de fautes réalisées. La bonne nouvelle, c'est que vous maîtrisez plus votre code que vous ne le pensiez. Le point négatif…est que vos stratégies altèrent la vision que vous avez de vos capacités réelles. Dans ce cas, continuez cet entraînement, jusqu'à ce que vous perdiez l'habitude de…douter de vous !

• Ne vous inquiétez pas de cet écart qu'il soit dans un sens ou dans l'autre, lorsque vous réaliserez cet exercice les premières fois. De même, il est normal que vous le trouviez difficile à réaliser, car c'est un entraînement à part entière similaire au fait de s'autoévaluer. Ce qui n'est pas évident pour aucun(e) d'entre nous.

Quelles que soient les phases émotionnelles qui vous traverseront, ainsi préparé, vous allez acquérir une sérénité très utile à la réalisation de la série d'examen. Vous comptabilisez, ce jour-là, dans un coin de votre mémoire, le nombre de fautes potentielles, au fur et à mesure que vous répondez aux questions, et ce sans forcément y penser consciemment. Cela vous permet d'être moins exposé(e) au stress généré par l'incertitude sur la validité des réponses que vous avez données.

Cet entraînement présente un deuxième avantage : **celui de vous rappeler que vous avez le droit de faire 5 fautes !** Car à force de chercher à répondre juste aux questions, vous finissez par entrer dans une logique de perfection, qui ne correspond pas aux critères de réussite de l'examen. Vous vous apercevrez d'ailleurs, le jour J, que c'est sur 5 ou 6 questions que vous doutez … L'examen étant conçu sur ce mode : 34/35 questions qui vont à l'essentiel, et 5/6 questions plus complexes.

**Limitez votre souci de la perfection et utilisez la tolérance des 5 fautes pour réussir votre examen !**

Au passage, profitez-en pour définitivement enterrer l'hypothèse largement répandue que l'examen va passer à 3 fautes…Ce scoop qui date de plus de 20 ans ne s'appuie sur aucune réalité ! Cette croyance collective n'est qu'une fabrique à stress !

**Les derniers conseils :**

- Allez à l'examen en intégrant l'idée que vous pouvez échouer. Projetez-vous sur les actions à mettre en œuvre pour rebondir si le résultat était négatif. Construisez-vous des alternatives, même si elles sont inutiles car vous aurez réussi cette épreuve. Pour réussir, il faut : « accepter l'échec ».

- Ne supputez par sur le résultat de cet examen, après son déroulement.

- Pensez à autre chose en attendant de recevoir votre résultat … La vie continue. Ce n'est pas cet examen qui va dire si vous avez progressé. C'est au contraire vos efforts et votre progression qui vont vous permettre d'obtenir un résultat ! N'inversez pas la logique …

- Je sais que c'est difficile de se distancier de l'attente. Considérez que c'est cependant fort utile pour se préparer, déjà à ce stade, à la présentation à l'examen de conduite ! Cela vaut le coup d'utiliser l'attente du résultat pour se préparer… à maîtriser votre stress. Vous vous perfectionnez dans la préparation aux examens et développez ainsi de solides atouts !

Quand une personne se focalise sur l'attente de son résultat et n'arrive pas à contrôler ses angoisses, on sait déjà qu'il y aura beaucoup de stress le jour de l'examen de conduite! Et nous ne pouvons qu'être désolés pour elle, car nous savons à l'avance, combien cela risque de la conduire dans une impasse qu'on voudrait lui voir éviter.

## 7.2 Point faible et examen pratique

Je voudrais partager avec vous, cette conviction intime générée par trente années au service de l'enseignement de la conduite automobile. Le permis est un sas, une porte ouverte sur notre intériorité. Cette situation particulière sait nous renvoyer au cœur de nous-même et agiter tous nos conflits intérieurs.

Bien que notre époque change, il n'en reste pas moins que cette étape transitoire s'inscrit comme un rite, comme un passage.

Si vous êtes sous la coupe de vos points faibles, vous risquez d'échouer dans vos examens et à fortiori sur l'examen pratique du permis de conduire. Il y aura bien évidemment de multiples causes qui peuvent expliciter ce résultat. Nos points faibles savent comment nous amener à nous détourner de nos objectifs et à perdre tous nos moyens. Et nous aider à trouver toutes les excuses du monde pour justifier nos échecs !

Tant que vous n'aurez pas réglé les incohérences intérieures, les dysfonctionnements qui donnent mal à la tête, l'importance que vous accordez aux jugement des autres et aux figures transferts de vos parents, à la notion de dépendance…alors vous risquez d'échouer.

A titre d'exemple, voici un constat que j'ai pu faire à de très nombreuses reprises. J'ai remarqué que souvent l'inspecteur est un homme ou une femme, selon ce qui s'est joué, de manière primordiale avec les figures féminines ou masculines qui peuplent son histoire. Étrange, comme la vie sait nous emmener dans des scénarios répétés jusqu'à ce que nous allions explorer nos angoisses les plus profondes, les plus inavouées, les plus masquées.

Tant que vous n'aurez pas réglé les notions d'autonomie, de capacité à assumer votre vie, à vous situer dans une démarche qui consiste à avancer en cohérence vers les projets qui vous tiennent vraiment à cœur…alors l'examen risque de devenir une barrière infranchissable qui vous demandera de mettre de l'ordre dans vos « affaires », que celles-ci concernent votre point faible d'être ou d'action.

**L'examen pratique et l'incrédulité :**

Si vous ne voulez pas arriver le jour J, en mode apnée… le meilleur choix est de vous entraîner à la méthode point fort/point faible tout au long de votre parcours permis. Acceptez pleinement que réussir peut-être extrêmement douloureux pour vous, aussi étrange que cela puisse paraître. Ce n'est pas le jour de l'examen que vous pourrez inverser cette tendance. Tout s'est déjà joué pendant votre parcours d'apprentissage.

### L'examen pratique et l'effacement :

Qui est cet examinateur, présent le jour de votre examen ? Un professionnel que vous croiserez pendant une demi-heure de votre vie ! Pour réussir cette épreuve, il est important que vous ayez appris à prendre votre place pendant votre parcours conduite. Si vous avez effectué ce travail, alors il ne vous reste plus qu'un dernier élément à intégrer. Ce n'est pas l'inspecteur qui décide si vous êtes apte à obtenir votre permis. Il n'y a que vous qui ayez la capacité d'avoir préalablement répondu à la question suivante : Est-ce que je me sens assez à l'aise et sur(e) de moi pour conduire seul(e), maintenant ? Si en toute sincérité, vous répondez positivement à cette question, si vous vous sentez réellement prêt(e), alors il y a des chances que votre examen se déroule dans les bonnes conditions, car vous serez confortablement « installée » dans la logique de votre point fort.

### L'examen pratique et la précipitation :

Si vous avez réussi à prendre de la distance avec votre point faible et à vous exercer à être concentrée, calme et confiant(e) dans vos leçons de conduite, alors vous avez toutes les chances d'adopter ce même comportement le jour J. Vous serez à même de gérer en sécurité toutes les situations complexes que vous serez amené(e) à rencontrer dans votre vie d'usager de la route. Replacer l'examen dans ce contexte, vous permettra de développer une force tranquille et de vous appuyer sur votre point fort pendant son déroulement. Si toutefois, la précipitation faisait une apparition furtive, traitez-là comme vous avez appris à le faire, avec bienveillance.

Car votre parcours conduite a été le moment et l'endroit pour vous entraîner à vous détacher d'une logique qui vous a empêché(e), jusqu'à présent, de vous révéler à vous-même…

**L'examen pratique et l'exigence :**

L'inspecteur est chargé de vous évaluer. C'est son métier. Ne prenez donc pas sa place ! Vous, vous êtes là pour montrer tout ce que vous avez appris et votre capacité à continuer d'apprendre…Car la route est notre instructeur au quotidien. Ne vous fustigez pas si quelque chose ne se passe pas comme vous le voulez. Restez dans le présent. Acceptez les remarques de l'inspecteur et montrez-lui, que vous êtes capable de vous remettre en cause et de vous améliorer. Car s'il y a une personne qui a bien toutes les qualités pour rebondir, c'est bien vous !

### 7.3 Les enjeux de l'examen de conduite

**Voici une liste des objectifs à atteindre en leçons de conduite pour se présenter sereinement :**

**Maîtriser la gestion de votre voiture.**

C'est la base. Qu'est-ce que cela veut dire concrètement ?

Ne plus penser à ses gestes (automatisation). Avoir libéré assez de concentration pour pouvoir se consacrer exclusivement sur l'observation de la route.

## Connaître l'ensemble des règles

**Concernant les thèmes : La circulation Routière, la Route, les Autres Usagers.** Sinon, ce n'est pas la peine…

Relire les règles, les avoir clarifiées et les activer en fonction des situations rencontrées. Connaître la signalisation et savoir l'appliquer.

## Avoir développé une logique :

Observer, trier l'information, jeter celle qui ne sert à rien, envisager les actions possibles et faire un choix d'action adapté aux situations rencontrées.

## Savoir manœuvrer

Et connaître les règles propres à l'arrêt et au stationnement.

## Présenter une conduite régulière

Pour obtenir le maximum de points sur la grille de notation.

## Si vous rencontrez une difficulté

**Avec la langue, connaître au minima, le vocabulaire que va utiliser l'inspecteur.** Sinon, cela va être compliqué de suivre ses instructions.

## Avoir appris à gérer son stress

Ce n'est pas le jour de l'examen que l'on s'entraîne, il est trop tard pour cela. Témoigner de ce qu'on a appris en leçons de conduite et de sa volonté de respecter les règles et les usages. Avoir appliqué la méthode point fort/point faible, pendant tout son parcours.

## Avoir estimé

**Si on est prêt à continuer d'apprendre seul pendant les trois premières années du permis, en tant qu'apprenti.** C'est ainsi qu'on peut s'affirmer le jour de l'examen. Travailler la présentation

## 7.4 Des conseils inédits pour vivre plus sereinement l'examen pratique

Je ne décrirais pas à nouveau les conditions dans lesquelles il est bon que vous vous présentiez à l'examen. Car elles sont similaires à celles que vous avez développées à l'occasion de l'examen de code.

Là où je souhaite attirer votre attention, c'est sur les moments cruciaux de son déroulement où vous pourriez vous mettre tout(e) seul(e) en difficulté, renforçant la présence d'un stress qui déclenchera des stratégies inadaptées. Ce que j'ai vu et revu au cours de nombreux examens.

*1.L'avant examen :*

• Êtes-vous au clair par rapport à ses enjeux ? Vous présentez-vous en adhérant aux croyances infondées qui circulent depuis la nuit des temps, ou avez-vous effectué des recherches pour définir précisément ce qui va vous permettre de réussir l'examen ? J'ai rencontré un nombre incroyable d'apprenants en fin de parcours qui ne savent pas répondre à la question : « alors comment crois-tu qu'on obtienne son examen ? » Ne vous comportez pas comme eux, soyez curieux, posez des questions, demandez à faire un ou plusieurs examens blancs, étudiez la feuille de notation[5]…Soyez logique. Ce n'est pas un cumul de

---

5 Parution à venir : Permis de conduire. Relationner avec le stress.Parution à venir :Toutes les clés pour obtenir l'examen du permis de conduire

points qui va vous permettre d'obtenir l'examen mais une conduite logique, autonome, responsable qui va vous permettre d'être correctement noté(e) 4

## 2. L'installation :

• Prenez le temps de vous installer confortablement. Je vois trop de personnes ne pas prêter assez d'attention dans tout leur parcours à ce point essentiel qui conditionne l'aisance avec laquelle vous allez utiliser votre véhicule. Une installation inadaptée se remarque immédiatement, juste à l'observation de votre posture. Le « beaucoup trop près » des pédales et du volant est une erreur classique et fréquente, qui augure trop souvent du déroulement « agité » de l'examen en termes de manipulation (calages, oublis ou erreurs de vitesse, freinage trop brusque), puisque vous ne serez pas à l'aise physiquement

## 3. Le départ du centre d'examen :

• Vous avez consciencieusement appuyé sur l'embrayage, ôté votre frein à main, passé votre 1ère vitesse. Stupeur ! Rien ne se passe ! Le véhicule ne réagit pas ! Et si vous tourniez la clé de contact ? Voici un très bon conseil pour que vous ne soyez pas concerné par cette triste expérience : Ne placez pas vos pieds sur les pédales avant d'avoir démarré le moteur. Demandez aussi qu'on vous explique ce qu'est l'antivol obligatoire, car il a parfois la malencontreuse idée de se déclencher le jour J… et de vous empêcher de tourner la clé de contact. Ce qui serait fort dommageable pour aborder cet examen en confiance ! Enfin pensez à mettre votre clignotant pour signaler votre intention de partir de l'espace où le véhicule de l'auto-école est stationné…Cela sera du meilleur effet pour débuter l'examen !

### *4.Trop d'attention sur la manipulation du véhicule:*

• Vous avez environ 30 minutes pour observer, analyser, agir. Ne perdez pas votre temps sur la gestion de votre véhicule. Normalement, vous avez le niveau requis pour vous présenter. Votre attention doit donc se porter exclusivement sur la route et les situations que vous rencontrez. Vous avez calé ? Ce n'est pas grave ! Cela arrive à tous les conducteurs même avertis, et c'est très fréquent en examen. L'inspecteur ne va pas s'en inquiéter, outre mesure. Faites de la conduite commentée[6] pendant tout le déroulement de l'examen et tout se passera bien. Car nous ne pouvons penser simultanément à deux choses différentes. Si votre attention se porte sur l'observation et l'analyse, alors le stress va disparaître naturellement.

---

6 C'est le fait de pouvoir décrire, tout en conduisant, tout ce qu'on observe sur la route. Attention, il ne s'agit pas ici de dire : « je vais passer en troisième ou je vais freiner », mais plutôt d'évoquer la signalisation, les dangers repérés ou potentiels, l'arrivée à un croisement…

*5.Penser autrement la manœuvre :*

Tous les apprenants sont focalisés sur la manœuvre, le jour de l'examen.

Vous souhaitez ardemment la réussir ? Dans ce cas, fixez-vous cet objectif pour vous-même et non pour l'inspecteur. Car il sait très bien, que le jour J, vous avez 99,99% de «chances» de la rater. L'enjeu réside dans le fait de conserver la confiance que vous avez en vous après l'avoir effectuée, qu'elle soit réussie ou non. J'ai trop vu d'examens où le fait de «rater» la manœuvre déséquilibre la poursuite du parcours. Alors ne vous trompez pas d'objectifs et concentrez-vous sur la sécurité à assurer, même si vous n'arrivez pas à vous garer comme vous l'auriez voulu…Sachez aussi repérer l'écart entre ce que vous avez produit et ce que vous auriez voulu. L'inspecteur pourrait vous demander votre avis sur la manœuvre que vous avez réalisée et il serait de bon temps de savoir quoi lui dire. Histoire de montrer que vous savez rebondir !

*6.Ne prenez pas le stress comme excuse:*

Les examinateurs savent que vous êtes stressé(e). Ne vous servez pas de cette «excuse» pour justifier ce que vous n'arrivez pas à réaliser. Cela peut être mal interprété!...

# BONUS

Relation entre stress et point faible

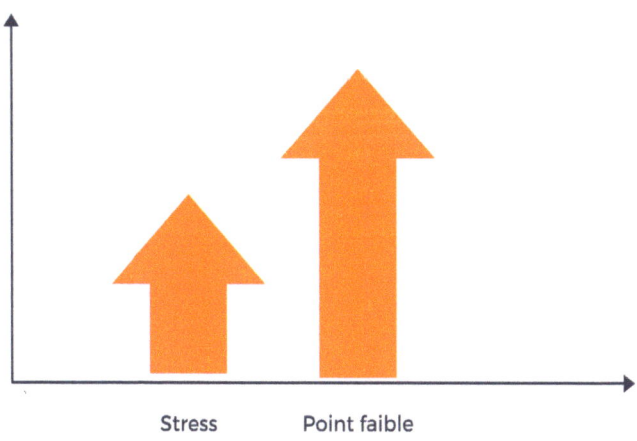

## 1. La présence du stress

Une multitude de causes peuvent expliciter le stress. Souvent, ces facteurs sont d'ordre personnel et font partie de votre histoire, à plus ou moins grande échelle.

Vous pouvez vous situer dans un « état de stress », plus ou moins omniprésent. Dans ce premier cas de figure, cette émotion indiquera sa présence dès le début de votre parcours et s'exprimera dans tous les temps où vous devez vous adapter à une nouvelle situation (rythmes, horaires, contraintes de travail personnel, intégration dans un groupe, intégrer de nouveaux savoirs...). Il y a comme un « refus inconscient » qui se manifeste de manière « disproportionnée » par rapport à la réalité. Cet état amplifiera la difficulté à déployer des capacités déjà acquises pour ces nouveaux objectifs pourtant choisis librement par vous. La transférabilité des capacités et des compétences ne peut pas être activée.

J'ai pu constater que les personnes présentant les signes de cet état émotionnel, ont souvent du mal à franchir la barrière de l'examen de code. Il est préférable, avant de stagner dans son parcours ou de s'exposer aux échecs répétés à l'examen, de faire le choix de demander rapidement de l'aide à un thérapeute[7], si on veut réussir sa formation (Réussir étant ici à envisager dans un sens large : c'est à dire

---

7 L'important est de vous sentir à l'aise avec le thérapeute que vous choisirez. Faites-vous confiance pour trouver celui ou celle qu'il vous faut. Identifiez au préalable si vous avez besoin d'être accompagné(e) par un homme ou une femme.

progresser dans le confort, réussir sans que vous vous sentiez vulnérable).

Car personne n'est à même dans une auto-école, de répondre à un besoin qui dépasse largement ce cadre. Pour avoir observé à plusieurs reprises ce cas de figure, je ne peux que vous partager le fort sentiment d'impuissance, que j'ai pu ressentir à chaque fois. Ni la bienveillance, ni l'empathie, ni les encouragements prodigués, ni le constat des progrès n'étant suffisants pour répondre à la détresse vécue par la personne ainsi fragilisée.

Il y a ensuite le stress créé par les moments où vous vous sentez vulnérables, et dont on constate souvent la présence dès les premières leçons de conduite. Dans ce cas, vous pouvez agir sur cette émotion, accompagné(e) de votre instructeur.

Faire la distinction entre ces deux formes vous permet de mieux apprendre à gérer les temps où vous vous sentez en difficulté et à progresser dans votre parcours.

Le stress lié aux examens pouvant renvoyer à l'un ou l'autre de ces états, selon votre histoire personnelle.

### 2.Relation entre point faible et stress

On peut souvent confondre le stress avec les émotions générées par le rappel d'une situation vécue auparavant. Le stress est une réponse immédiate. Ce temps intermédiaire vous permet (et ce d'autant plus si vous l'accueillez) de faire une coupure dans une situation déstabilisante. Il vous signale un déséquilibre entre un contexte et votre capacité à s'y adapter. Il témoigne d'un « écart » à analyser et vous demande d'aller explorer les émotions qui vous traversent pour pouvoir progresser.

Votre point faible d'être influence de manière considérable la façon dont vous analysez les situations que vous rencontrez, et modifie votre capacité à réagir, lorsque le stress apparaît, vous renvoyant à des comportements inadaptés générés par le point faible d'action. Le point faible d'être amplifie ou modifie aussi, votre évaluation de la situation présente.

**Exemple :**

Vous n'arrivez pas à démarrer sans à-coup. Au lieu de vous interroger sur la manière dont vous réalisez cette action :

- Vous vous jugez, amplifiant ainsi votre stress
- Vous ne prenez pas le temps d'analyser pourquoi vous démarrez ainsi.
- Vous restez enfermé(e) dans une logique qui n'a rien à voir avec la situation présente.

*3.Action/réaction : déclinaison*

1. Présence du point faible d'être
2. Situation d'apprentissage où vous vous sentez vulnérable
3. Amplification des émotions, renvoi à des émotions antérieures
4. Mise en place d'une stratégie correspondant à votre point faible d'action

5. Inadaptation à la situation
6. Renforcement du stress

Les points faibles intervenant précisément à un moment où vous vous sentez en difficulté ou « en danger » dans une situation d'apprentissage ou d'examen. Ils déploient alors les comportements qu'ils connaissent le mieux pour vous protéger.

**Exemple :**
Vous êtes en train d'apprendre à démarrer et vous calez de manière brutale (ce qui peut arriver à tout le monde et qui n'augure en rien de votre capacité à réaliser cette action). Le stress apparaît et vous paralyse vous empêchant de vous entraîner dans le confort.

**Option A :** vous constatez cet état sans vous laisser gérer par lui et vous entraînez jusqu'à réussir cet exercice (vous êtes dans votre point fort).

**Option B :** Vous êtes submergé par le stress dans une situation difficile pour vous. Il vous renvoie à une perception négative de vous ou de vos capacités :

- « **Décidément, je ne suis pas bon(ne) à…, je ne suis pas capable de…** »

Envahi(e) par l'émotion, vous réagissez à la situation en réactivant les stratégies de votre point faible d'action :

- Vous vous précipitez et n'arrivez plus à faire les choses dans l'ordre, ou les unes après les autres (la précipitation),

**3. Méthodologie pour s'entraîner à gérer le stress**

Voici les étapes qui vont vous conduire à adopter une nouvelle posture face au stress et à l'amadouer.

## Constater

Être attentif à sa venue car il nous envoie un message. Je me sens en état de stress. Je ne résiste pas à son apparition. Je ne me défends pas de lui.

## Identifier la forme du stress

Qu'est-ce qui a produit ce stress ? Est-ce qu'il apparait :
• Parce que je suis dans une situation d'apprentissage nouvelle ou difficile ?
• Parce qu'il me place dans des états émotionnels que j'ai déjà connu dans mon histoire personnelle ?
• Quand je pense aux examens, avec toutes les peurs que cela réveille chez moi (peur de l'échec ou de la réussite) ?

## Communiquer sur les besoins qu'il révèle

• Exprimer qu'on est en état de stress.

• Revisiter la situation rencontrée et demander à avoir un complément d'information.

### Sortir de la logique du point faible et créer de nouvelles stratégies

• Lorsque le stress apparaît, vérifiez qu'il ne vous renvoie pas à des situations antérieures où vous avez agi selon la logique de vos points faibles.

• Répétez votre phrase sur le point fort jusqu'à ce que vous vous sentiez plus centré(e).

### Relationner avec le stress dans tous les moments d'apprentissage

• Agir avec cette nouvelle façon de relation avec le stress, dès qu'il apparaît en appliquant les points de 1 à 4.

### S'entraîner pour maîtriser le point faible, ou la cause de sa présence.

• Apprécier le temps où est on capable d'assumer la situation qui a généré du stress, sans plus éprouver cette émotion (avoir un sentiment de satisfaction, de sérénité…).

## Entrer en amitié avec le stress

• L'entraînement à cette méthodologie permet de considérer le stress comme un ami qui vient nous alerter sur nos besoins. Si je stresse, c'est qu'il y a une raison. Cette émotion me transmet des informations sur ce que je ressens (quelles émotions ou pensées me traversent) et sur ce dont j'ai besoin (ce qui est bien pour moi).

## En complément

• Si besoin est développer une technique qui va nous permettre de mieux vivre le stress (sophrologie, yoga, méditation…).

• Consulter s'il y a des peurs liées à l'échec ou la réussite (psychologue, thérapeute…).

### 8.1 Conclusion

Préparer votre parcours, créer la forme qu'il aura en respectant votre nature, votre disponibilité, votre budget, vos capacités, et avancer dans la régularité en utilisant votre point fort, vous permettra de faciliter votre apprentissage et de vous présenter dans les meilleures conditions. C'est ainsi que vous pourrez entrer en amitié avec un stress, qui s'il est quasi inévitable ne vous empêchera pas d'atteindre vos objectifs.

Personnellement, je ne crois pas en tous ces discours qui consistent à vous enjoindre à maîtriser, à le « dompter ». Car résister au stress, c'est accroître une séparation, un conflit qui ne contribuera qu'à amplifier l'intensité de sa présence. Bien sûr, il existe des exercices pertinents pour apprendre à se détendre, mais identifier ses sources, n'est-il pas une aide bien plus précieuse ?

En revanche, je crois en la force de notre connaissance de nous-même, de notre intégrité vis-à-vis de ce que nous sommes, de la reconnaissance de notre parcours et de qu'il a créé chez nous, de l'empathie et de la bienveillance pour nous, et du libre arbitre à construire notre vie, tel que nous le souhaitons.

Alors, reconnaissez votre point faible quand il se présente, ne vous identifiez surtout pas à lui et avancez avec votre point fort. Cela est la clé de votre succès et de l'atteinte de vos objectifs.

Lisez et relisez ces pages de ce manuel. Accueillez le fait que vous n'êtes pas vos stratégies. Désidentifiez-vous d'elles. Vous saurez alors retrouver toute la valeur de qui vous êtes et de tout ce à quoi vous avez droit.

Car le permis de conduire est avant tout une tranche importante de votre histoire de vie. Son issue heureuse n'étant que la conclusion logique à sa cohérence et sa simplicité.

**Comment pouvez-vous rebondir, pour donner suite à cet ouvrage ?**

**Impulser une dynamique ! S'offrir un rdv individuel, pour**[8] :

• Découvrir, vérifier vos points faibles, identifier votre point fort et vous appuyer sur lui.

• Pour évaluer et débloquer les causes de vos difficultés dans l'apprentissage du code ou de la conduite.

• Pour cerner les causes d'échec aux examens

• Pour cibler ensemble les moyens de rebondir

---

8 Cet entretien peut être réalisé à distance ou en présentiel selon votre secteur d'habitation et dans la mesure de mes possibilités.

# 7 étapes pour bien relationner ensemble

**Étape 1 :**

Vous m'adressez un mail en expliquant vos problématiques et en décrivant l'objectif que vous souhaitez atteindre.

**Étape 2 :**

Je vérifie que l'entretien est adapté à votre besoin et vous fixe un rendez-vous, le cas échéant.

**Étape 3 :**

Vous réglez les frais d'un montant de 65 euros par compte PayPal.

**Étape 4 :**

Nous réalisons l'entretien d'une durée de 1h15 minimum.

**Étape 5 :**

Vous recevez un compte-rendu de cet entretien dans un délai de 4 jours.

**Étape 6 :**

Vous mettez en œuvre l'ensemble de la stratégie concrète que nous avons élaborée en concertation.

**Étape 7 :**

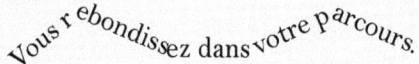
Vous rebondissez dans votre parcours.

# Autres ouvrages à paraître :

Toutes les clés pour réussir son parcours permis.

Signalisation : Comment mémoriser les panneaux les plus fréquents en moins d'une demi-heure.

Toutes les clés pour réussir l'examen du permis de conduire et apprendre le code de la route en 3 mois, simplement, facilement et joyeusement.

# REMERCIEMENTS

Je remercie en premier lieu, toutes les personnes accompagnées dans leur parcours du permis de conduire au fil de ces trente dernières années. Sans elles, je n'aurai pas pu vérifier la justesse de cette méthode initiée par madame Claudette Abel, qui a favorisé le déblocage de nombreuses histoires de vie.

Édition : BoD – Books on Demand, info@bod.fr
Impression : BoD – Books on Demand,
In de Tarpen 42, Norderstedt (Allemagne)
Impression à la demande
Dépôt légal : Juillet 2022